Kohlhammer
Urban-
Taschenbücher
T-Reihe

Band 636

Wolfram Fischer
Wolfgang Marhold
(Hrsg.)

Religionssoziologie als Wissenssoziologie

Verlag W. Kohlhammer
Stuttgart Berlin Köln Mainz

CIP-Kurztitelaufnahme der Deutschen Bibliothek

Religionssoziologie als Wissenssoziologie
Wolfram Fischer; Wolfgang Marhold (Hrsg.). – 1. Aufl. –
Stuttgart, Berlin, Köln, Mainz: Kohlhammer, 1978.
(Urban-Taschenbücher; Bd. 636: T-Reihe)
ISBN 3-17-004702-7
NE: Fischer, Wolfram [Hrsg.]

Stuttgart Berlin Köln Mainz
Verlagsort: Stuttgart
Umschlag: hace
Gesamtherstellung: W. Kohlhammer GmbH
Grafischer Großbetrieb Stuttgart
Printed in Germany

Inhalt

Wolfram Fischer / Wolfgang Marhold

Religionssoziologie als Wissenssoziologie

1.

In der Eröffnungssitzung der Conférence Internationale de Sociologie Religieuse (CISR), dem zur Zeit wohl repräsentativsten und am weitesten vertretenen Zusammenschluß von Religionssoziologen, richtete der Generalsekretär an die deutschen Teilnehmer die Frage:
»Und was ist mit der Religionssoziologie in Deutschland?«
Zwar gehörte die deutschsprachige Gruppe von Teilnehmern des CISR-Kongresses im September 1977 in Straßburg mit zu den zahlenstärksten. Aber weder lag ein deutscher Beitrag in den mehr als 500 Seiten fassenden Akten vor, noch kam es zu nennenswerten Diskussions- und Sachbeiträgen in Plenar- und Einzelsitzungen. Auch der Versuch, eine neue Initiative zur Wiederbelebung der sanft entschlummerten Sektion »Religionssoziologie« innerhalb der »Deutschen Gesellschaft für Soziologie« zu starten, ging ins Leere.
Dabei kann keiner, der sich ein wenig auskennt, behaupten, in Deutschland sei Religionssoziologie[1] ein Fremdwort geworden. Allerdings wird hierzuland Religionssoziologie vorwiegend als empirische Kirchensoziologie betrieben. Gegenstand empirischer Forschung ist überwiegend die durch die christlichen Kirchen geprägte Sozialform von Religion, mithin Volkskirchlichkeit in all ihren Schattierungen. Gerade die großen Amtskirchen haben in den letzten Jahren für die Erforschung des religiösen Verhaltens der Deutschen einiges investiert.
Auch kann man nicht sagen, daß diese Veröffentlichungen echolos geblieben seien. Die Religions- bzw. Kirchensoziologie hat mit ihren Ergebnissen dazu beigetragen, daß religiöses Verhalten auch als gesellschaftliches Phänomen erkannt und als solches theologisch bearbeitet wurde.
Ein rascher Überblick über die einschlägigen Veröffentlichungen zeigt eine beachtliche Vielfalt der kirchensoziologischen Bemühungen. Die Hauptmasse aller Erhebungen stellen die Kirchengemeindeuntersuchungen dar. Eine beachtliche Detailfreude in der Fragestellung und dementsprechend im Datenmaterial ist zu verzeichnen. Sie haben die inzwischen eingebürgerten Typologien von

Kern- und Randgemeinde (Tenbruck, Fichter), Gemeindekern und Gemeinderand (Luckmann), Kirchentreue und Gelegenheitsbesucher (Köster) salonfähig gemacht, dabei aber einer gefährlichen und in der Wirklichkeit so gar nicht anzutreffenden Dichotomisierung der Kirchenmitglieder auch im theologischen Denken Vorschub geleistet. Weiterhin können wir Ansätze verzeichnen, strukturfunktionalistische Theorien auf die Gemeinde zu übertragen (Schreuder). Die Funktion von Kirche für ihre Partizipanten wurde deutlich: als moralisches Institut, als Gesinnungsgemeinschaft, als religiös-ästhetische Unterhalterin, als gesellige Fürsorgerin, als Institut zur Befriedigung eines egoistischen Erbauungsbedürfnisses (Lohse). Wir haben Daten über soziale Aktivitäten, die soziographische Zusammensetzung und die gemeindliche Gruppenstruktur, über das Image und Wahlverhalten von Kirchgängern. Beliebt waren einst jene Untersuchungen, die Glaubenseinstellungen abtesteten – ohne jedoch dazu zu berücksichtigen, daß Glaubensinhalte – Sprachhülsen aus alter Zeit – noch nichts aussagen über die Auswirkungen dieser Inhalte auf konkrete Lebensvollzüge. Nicht zu vergessen sind die vielfältigen berufs- und organisationssoziologisch oder rollentheoretisch ausgerichteten Pfarreruntersuchungen (Bormann, Spiegel).
Es ist hier nicht der Ort, die bekannten und zu Recht erhobenen Vorwürfe an die so betriebene Religions- und Kirchensoziologie im einzelnen zu wiederholen. Jedoch sind für unseren Zusammenhang und die eingangs zitierte Frage die Kulminationspunkte dieser Kritik zu erwähnen: Dilettantismus in der Verwendung der zur Verfügung stehenden Methoden, mangelnde Überlegungen zur Methodologie, kaum ein auf die Gesamtgesellschaft bezogenes Theoriegerüst, Abzweckung der Forschung für den puren Verwertungszusammenhang.
Damit ist deutlich: Religionssoziologie in Deutschland ist zum allergrößten Teil eine Bindestrichsoziologie geblieben. Sie hat in einem Gebiet, das sie zu ihrem ureigensten Territorium erklärte, gewiß Beachtliches geleistet. Sie hat einen Garten kultiviert, in dem jetzt allerlei schöne Blumen blühen und manch nahrhafte Frucht geerntet werden kann. Aber sie hat auch einen Zaun um ihr Gebiet gezogen. Indem sie das Verständnis von Religion restriktiv auf vorfindliche Kirchlichkeit einschränkte, hat sie von vornherein darauf verzichtet, eine gesamtgesellschaftliche Perspektive aufzusuchen. Indem sie Religion ausschließlich durch die Institution Kirche repräsentiert sah, ist sie den Verfechtern der Säkularisierungsthese – und zwar in ihrer vulgären Ausarbeitung als Bedeutungsverlust der Religion – auf den Leim gegangen.

»Die Folge ist, daß sich die Perspektive der Kirchensoziologie in erheblichem Maße verzerrt. Eine auf Kirchlichkeit konzentrierte Soziologie kann Religion weitgehend nur in ihrer stigmatisierten Gestalt zutagefördern – sei es nun als eine Art ›Asyl für blöde Köpfe‹ (S. Kierkegaard); sei es als eine ›Versicherungsanstalt für schwache stützungsbedürftige Menschen‹ (M. Scheler). – Und auch in geschichtlicher Sicht muß die Kirchensoziologie als religiösen Funktionsverlust registrieren, was sich bei einer Betrachtung im Zusammenhang wohl eher als gesamtgesellschaftliche Funktionsumschichtung erschließen läßt.«[2] Mit anderen Worten: Der Religionssoziologie in Deutschland ist es nur sehr partiell gelungen, einen Anschluß an umgreifende Gesellschaftstheorien zu finden, sei es aufgrund eines eingeschränkten Religionsbegriffs, sei es aufgrund einer Engführung durch die Säkularisierungsdebatte, sei es aufgrund der an sie gerichteten Verwertungserwartungen ihrer Ergebnisse.

Die Klage darüber, sowie die Aufforderung, die Religionssoziologie solle ihre eigenen Grenzen niederreißen, sind nicht gerade neu. Aber diejenigen, die mit Vehemenz und unbestreitbarem Recht den Finger auf diese Wunde gelegt haben – etwa T. Luckmann, J. Matthes, T. Rendtorff, D. Savramis – haben zu ihrer Heilung nur wenig oder nichts beitragen können.

Einige jüngere Arbeiten seien hier vorgestellt, die versuchen, das geschilderte Dilemma zu überwinden. Ob dies gelungen ist, haben kollegiale Kritik und das »Urteil« der weiteren Wirkungsgeschichte zu zeigen.

Die Frage der Identitätsbildung von evangelischen Theologen wird in der empirischen Studie »Religion als Beruf«[3] untersucht. Die Forschungsgruppe, der die Herausgeber dieses Bandes angehören, verband theoretisch religiöse, berufliche und politische Dimensionen zu einem Gesamtkonzept von Identitätsbildung. In ihm sind Wissens- und Handlungselemente prozessual aufeinander bezogen. Seine Anregungen fand dieses Modell in den Traditionen des »symbolischen Interaktionismus«. Es wurde in ein mehrspuriges Forschungsinstrument (bundesweite schriftliche Befragung, narrative biographische Interviews, Gruppendiskussion) umgesetzt und zur Erhellung des Phänomens der Aufgabe der beruflichen Laufbahn als Station der Identitätsbildung unter ehemaligen und gegenwärtigen Theologen eingesetzt. Die Verbindung von statistischen Verfahren der Einstellungsmessung mit sprachverstehend arbeitenden Methoden wissenssoziologischer Feldforschung versuchte die Vorteile beider Methoden zu nutzen und ihre Nachteile innerhalb des erstellten Theorierahmens zu minimieren.

Im gleichen Forschungsfeld bewegt sich mit abweichender Fragestellung W. Fischers »Pfarrer auf Probe«[4]. Es wird untersucht, wie Legitimationsprobleme, die innerhalb der religiös wie gesellschaftlich problematisierbaren theologischen Berufslaufbahn auftreten, von künftigen Pfarrern bewältigt werden. Die in interaktionistischen Traditionen weiterentwickelten theoretischen Überlegungen zu den verschiedenen Ebenen der Legitimationsbewältigung werden in ein sozio-linguistisches Erhebungs- und Analyseverfahren eingebunden. In der narrativen Darstellung von Lebensgeschichten werden Daten gewonnen, in denen Wissens- und Handlungsebene konsistent aufeinander beziehbar sind.
Mit der Rolle religiöser Erfahrung beim Aufbau der Lebenswelt von Jugendlichen in vorwiegend nichtchristlichen Randgruppen befaßt sich M. Schibilsky, »Religiöse Erfahrung und Interaktion«[5]. Mit dem Instrument narrativer biographischer Interviews wird die Orientierungsfunktion religiöser Deutekategorien für das soziale Handeln von Jugendlichen in subkulturellen Gruppen untersucht.
All diesen Arbeiten ist gemeinsam, daß Religion nicht als von Gesellschaft aparte Größe gesehen wird, sondern als integrierter Bestandteil: Im theoretischen Mittelpunkt der Analysen steht die Frage, wie Gesellschaftsmitglieder ihre soziale und personale Identität bilden, und in welcher Weise dabei Handlungs- und Wissenselemente historisch ausgearbeiteter Religionssysteme subjektiv verarbeitet werden. Gerade indem der Primärfokus wissenschaftlicher Aufmerksamkeit sich auf zunächst nicht religiös qualifizierte, gleichwohl universale gesellschaftliche Problemfelder richtet, gerät Religion in ihren formalen Strukturen und historisch-materialen Ausarbeitungen schärfer, von den Verzerrungen des blinden Flecks vorgängiger Religionsdefinitionen befreit, in den Blick. Inhaltlich ist bei der Frage nach personaler und sozialer Identität als einem zentralen Thema jeder Gesellschaftskonstitution unterstellt, daß die Bildung von sozialen Einheiten in sozialen Interaktionen erfolgt, in die die soziale Wirklichkeit symbolisch, d. h. interpretiert und interpretierend eingebunden ist. Es handelt sich dabei insofern um eine *wissenssoziologische* Betrachtensweise, als unterstellt wird, daß soziales Handeln wissenschaftlich nur verstanden werden kann, wenn es als motiviertes und interpretiertes, also symbolisch mitkonstituiertes angesehen wird. Indem sich Wissenssoziologie empirisch mit der symbolischen Repräsentation konkreter Gesellschaften befaßt, mag die soziologische »Nachkonstruktion« bereits konstituierter Gesellschaft gelingen.

2.

2.1.

Die in diesem Band vertretenen Arbeiten versuchen, religiöse Phänomene in einer solchen wissenssoziologischen Perspektive anzugehen. Programmatisch *Religionssoziologie als Wissenssoziologie* zu bezeichnen, ist nicht neu.

»Wissenssoziologie, wie wir sie auffassen, muß direkt dazu führen, daß Sprachsoziologie und Religionssoziologie nicht länger Spezialgebiete am Rande der Soziologie bleiben, sondern entscheidend zur theoretischen Soziologie beitragen. Diese Einsicht ist nicht etwa neu. Schon Durkheim und seine Schule formulierten sie, doch geriet sie aus einer Reihe von theoretisch irrelevanten Gründen – in Vergessenheit. Wir hoffen, deutlich gemacht zu haben, daß Wissenssoziologie Sprachsoziologie voraussetzt und daß Wissenssoziologie ohne Religionssoziologie unmöglich ist – wie auch vice versa.«[6]

Obgleich damit das Konzept einer wissenssoziologischen Analyse von Religion im Kontext einer Konstitutionsanalyse von Gesellschaft in den Arbeiten von Peter L. Berger und Thomas Luckmann spätestens seit den 60er Jahren in Deutschland formuliert ist, kann ihre häufige Bemühung in Fußnoten nicht darüber hinwegtäuschen, daß Nachfolgearbeiten in der Regel weder in der Theorie noch in der Präsentation empirischen Materials die Komplexität dieser längst skizzierten Programmatik erreicht haben. In gewissem Maße trifft das auch für diese beiden Autoren selbst zu, da sie sich mit den ausgehenden 60ern anderen wissenschaftlichen Schwerpunkten zuwandten.
Es kann hier keine historisch-systematische Analyse zur Erhellung dieser Stagnation geleistet werden. Es soll jedoch angedeutet werden, warum diese zunächst mit Interesse aufgenommene Forschungsperspektive nicht weiterentwickelt werden konnte und warum dafür heute nach einem Jahrzehnt u.E. bessere Ausgangsbedingungen bestehen. Dabei muß die spezifisch bundesrepublikanische Situation der 60er Jahre in ihren personellen Dimensionen der Rekrutierung und Etablierung wissenschaftlichen Personals außer acht bleiben, obgleich sicher ist, daß sich diese nicht zufällig zur Entwicklung von Theorien und Forschungsmethoden verhält. Wir beschränken uns auf einige Beobachtungen innerhalb der Religionssoziologie selber.
Zum ersten hat die innerhalb der wissenssoziologischen Programmatik sich artikulierende funktionale Betrachtungsweise von Reli-

gion den vorher deutlichen Objektbereich einer Spezialsoziologie scheinbar vernebelt. Kontraste von Religion zu universalen gesellschaftlichen Phänomenen, die man auf den ersten Blick nicht als religiös bezeichnen würde, weil sie keinem traditionellen Religions- und Kirchensystem angehören, schienen sich in ein gleichmäßiges Grau-in-grau einzuebnen, wenn nun jeder sozial konstruierte Sinn unter »Religion« subsumiert werden konnte. Da zudem dieser Effekt innerhalb einer weitverbreiteten Theorie der Säkularisierung durchaus plausibel einzuordnen war, schien soziologische Betrachtung von Religion sich mit beliebig definierbaren Sinnsystemen unterschiedlichster Reichweite befassen zu können. Dies hat u.E. – neben einer Reihe von anderen Gründen – mit zu einer Paralyse von Forschungsaktivitäten geführt, statt zu ihrer Beflügelung beigetragen zu haben.

Weiterhin tritt neben diese Problematik der kategorialen und forschungspraktischen Eingrenzung des Objektbereichs die Schwierigkeit, die aus unterschiedlichen Forschungstraditionen gewonnenen Theoreme stimmig aufeinander zu beziehen und auf ein solches Abstraktionsniveau hinunterzubringen, daß die Erklärung sozialer Phänomene empirisch gehaltvoll werden kann.

Schließlich sind nur wenig Anstrengungen gemacht worden, empirische Verfahren zu entwickeln, die methodologisch den Ansätzen der Wissenssoziologie entsprechen. Die forschungspraktischen und methodologischen Probleme einer verstehenden Soziologie, die hier anzugehen waren, kamen nur zögernd in den Blick.

Es ist unsere Auffassung, daß das Reservoir an soziologischem Wissen theoretischer und forschungspraktischer Art heute der Weiterentwicklung wissenssoziologischer Ansätze innerhalb religionssoziologischer Aufgabenstellungen weit günstiger ist als in den 60er Jahren. Es gibt eine Reihe von Theoremen zu formalen Konstitutionsbedingungen von Gesellschaften, die eine theoretische und historisch-konkrete Analyse religiöser Phänomene neu bearbeitbar erscheinen lassen. Es gibt eine Anzahl wissenssoziologischer Forschungstechniken, die sich die Erhellung formaler und inhaltlicher Strukturen der Alltagswelt zur Aufgabe gemacht haben, die auch die Analyse religiöser Deutungsmuster einschließen können.

Wir wollen hier skizzieren, welche Fragestellungen mit welchen Theorien und Methoden uns bearbeitbar erscheinen. Es handelt sich dabei um die Plausibilisierung von Bearbeitungs*möglichkeiten* religiöser Phänomene im Kontext der Konstitutionsfrage von Gesellschaft. Wir sind nicht so vermessen, zu behaupten, daß der faktische Forschungsstand an irgendeinem Punkt auch nur schon zu vorläufig befriedigender Reife gelangt sei. Immerhin sollten die in diesem Band versammelten Beiträge trotz all der Heterogenität der Themenstellung im einzelnen zeigen, daß die Realisierung wissenssoziologischer Forschungsperspektiven innerhalb der Analyse religiöser Phänomene fruchtbringend sein kann.

2.2.

Eine empirische Wissenssoziologie kann sich, solange sie offen läßt, welche Wissensebenen und Konstitutionskontexte ihr Interesse finden, innerhalb mehrerer Forschungstraditionen verorten. Konvergenzpunkt dieser Traditionen ist die Auffassung, daß im Konstitutionsprozeß gesellschaftlicher Wirklichkeit signifikante Symbole soziales Handeln mitbestimmen.

Methodisch impliziert das zum einen, daß aus der Analyse von Symbolsystemen – und hier spielt das elementarste Symbolsystem der Alltagssprache eine prominente Rolle – Erkenntnisse über die soziale Wirklichkeit auf der Ebene der Interaktionspraxis gewonnen werden können. Erwartbar sind solche Forschungsergebnisse sowohl als Aussagen über formale Konstitutionsprinzipien von Gesellschaft als auch in erklärungskräftiger wissenschaftlicher Typisierung gegenwärtiger gesellschaftlicher Problemlagen.

Weiterhin resultiert aus dem Konvergenzpunkt die methodische Forderung einer zweistufigen kommunikativen Forschungsstrategie. Zunächst sieht sich danach soziologische Forschung vor die Aufgabe gestellt, ihre Objekte so zu definieren, wie sie in der Alltagspraxis von Gesellschaftsmitgliedern definiert werden. Um die mit dem Handeln verknüpften Deutungssysteme fremdverstehend zur Kenntnis nehmen zu können, muß sich der Sozialforscher den gleichen kommunikativen Regeln unterstellen, die diese Deutungen zwischen Gesellschaftsmitgliedern hervorbringen und aufrechterhalten (verstehende Methode). Auf der zweiten Stufe wissenschaftlicher Betätigung werden die so erhobenen Bestände im Blick auf ein innerhalb der Forschungskommunikation erstelltes methodisch zu problematisierendes Relevanzsystem re-typisiert. Auch auf dieser Stufe unterliegt die Generierung von Wissen formalen und normativen (sozio-historisch spezifischen) Regeln interaktiver Verständigung. In größerer Nähe zu Forschungsoperationen formuliert heißt das, daß solchen Verfahren der Vorzug gegeben wird, in denen sich die soziologisch relevanten Objekte alltagssprachlich (etwa in Erzählungen oder Diskussionen) repräsentieren und dokumentieren lassen und in denen der Forschungsprozeß selber in der Phase der Datenerhebung so angeordnet wird, daß dies Situationen alltäglicher Interaktion weitgehend nahekommt.

Die soziologische Zuordnung von Symbolsystemen und gesellschaftlicher Realität ist weitaus komplizierter als das Verhältnis von Abbild und Objekt. Das heißt, eine wissenssoziologische Analyse mit dem Anspruch auf Erklärung sozialer Wirklichkeit muß sich grundlagentheoretisch um die Beziehung von Alltagswissen und Handlungspraxis bemühen, um die Orientierungsleistung von Symbolen für Handeln bestimmen zu können. Nur so kann der Gefahr entgangen werden, die Analyse von Deutungssystemen mit der Analyse der sozialen Wirklichkeit in toto gleichzusetzen und damit den Wissensaspekt vor dem Handlungs- und Zustandsaspekt der Gesellschaft überzubetonen.

Im Rückgriff auf Überlegungen von George Herbert Mead und Alfred Schütz stehen entsprechende Untersuchungen u. E. in den Traditionen des »symbolischen Interaktionismus«, der »Ethnomethodologie«, der »Ethnotheorie« und der »Ethnographie des Sprechens« in den Anfängen[7]. In der Bundesrepublik hat erst in den letzten Jahren eine Rezeption dieser wissenssoziologischen Traditionen eingesetzt. Feldforschung, die sich hier ansiedelt, ist innerhalb der Gesamtheit empirischer Forschung in Deutschland immer noch eher die Ausnahme.

2.3.

Es soll nun versucht werden, in diesem und dem nächsten Abschnitt aufzuzeigen, auf welchen Ebenen wissenssoziologischer Betrachtung von Gesellschaft sich die Analyse religiöser Phänomene ansiedeln läßt.

Eine Möglichkeit zur Identifizierung religionssoziologisch relevanter Problembereiche ergibt sich aus der Kategorialisierung *verschiedener Wissensebenen.* In den Doppelaspekten prospektiv-retrospektiv und final-kausaler Art erfüllt Wissen auf allen Ebenen eine Orientierungsfunktion in der Fixierung von Kontingenzen.

Solche Wissensebenen sind etwa a) die Alltagssprache; b) pragmatisches Wissen (wie Volksweisheiten, einfaches Rezeptwissen, einfache moralische Standards, alltagsweltliche Routinen); c) explizite Theorien, die partikulare Wirklichkeitsausschnitte zu deuten haben, und schließlich d) symbolische Sinnwelten, die Gesellschaft mit ihren universalen Kontingenzen legitimieren sollen.

Man wird zunächst versucht sein, religiöses Wissen mit der obersten Ebene symbolischer Sinnwelten zu identifizieren. Man mache sich davon frei, daß religiöses Wissen als fachmännisch verwaltetes theologisches System von Dogmen und Handlungskonfigurationen in akademischer Theologie aufgehoben sein müsse. Vielmehr vermag es als alltägliches Gebrauchswissen für potentiell alle Gesellschaftsmitglieder Orientierungsfunktionen zu erfüllen. Unter dieser Annahme lassen sich religiöse Wissensfiguren auf allen vier Ebenen finden. Religionssoziologie als Wissenssoziologie hat sich dann mit je verschiedenen Instrumentarien und Frageperspektiven auf allen Wissensebenen zu bewegen. Besondere Berücksichtigung hätte dabei die Frage nach der Orientierungskapazität religiöser Elemente auf verschiedenen Ebenen für die interaktive Bewältigung von Wirklichkeit zu finden.

So wäre unsere Vermutung zu überprüfen, ob mit zunehmendem Komplexitätsgrad der Wissensebene eine eher inhaltlich-präskriptive Orientierungsleistung allmählich in eine formal-legitimatorische überführt wird. Es können beispielsweise Sätze des Dekalogs (»Du sollst nicht ehebrechen«; »Du sollst nicht stehlen«; »Du sollst nicht lügen«), auf der Ebene pragmatischen Wissens angesiedelt, unmittelbare Orientierungsfunktion für das Handeln übernehmen. Mit ihrer Hilfe lassen sich mögliche Handlungsfiguren im Bereich der Interaktion zwischen den Geschlechtern, im Bereich von »Eigentum« und in der kommunikativen Sphäre relativ leicht in zwei Klassen scheiden: sozial erwünschte und sozial unerwünschte. Anders steht es mit religiösen Elementen, die in die Wissensebene symbolischer Sinnwelten einzuordnen sind. Die handlungsleitende Funktion solcher Deutungsmuster wie z. B. »Rechtfertigungslehre« oder »Trinitätslehre« ist – wenn überhaupt – nur nach mehreren respezifizierenden Transformationsprozessen wirksam. Die Leistung solcher Theologoumena scheint eher in generalisierenden Legitimationen für eine Fülle verschiedenster Inkonsistenzen auf den Handlungsebenen zu bestehen, als daß sie für konkrete Klassen einzelner problematischer Entscheidungssituationen Rezeptwissen bereitstellen.

2.4.

Eine weitere Möglichkeit der Lokalisierung religiöser Phänomene innerhalb der wissenssoziologischen Forschungsperspektive ergibt sich bei der Analyse der Konstitutionsvorgänge von Gesellschaft. Es lassen sich eine Reihe von Konstitutionsproblemen benennen, die jede Gesellschaft auf irgendeine Weise lösen muß. Da diese

Problemkontexte jeder sozio-historisch spezifischen Gesellschaft logisch vorausliegen, sollen sie *formalpragmatische Konstitutionskontexte* genannt werden. Wir wollen vier formalpragmatische Konstitutionskontexte voneinander abgrenzen.

Auf der ersten Ebene sind die formalen *Basisregeln* der Interaktion anzusiedeln. Es handelt sich hierbei um Leistungen, die erbracht werden müssen, damit soziales Handeln überhaupt *denkbar* ist. Diese interaktionslogischen Größen sind Idealisierungen, in denen vorgreifend etwas vorausgesetzt wird, was sich durch diese Unterstellung erst empirisch ermöglicht. Zum Beispiel unterstelle ich, daß ich einmal bewährte Handlungsweisen immer wieder in ähnlichen Situationen einsetzen kann. Ich verwende in neuen Situationen bereits früher gewonnenes Orientierungswissen, ohne mir vorher klarzumachen, daß nicht nur die Situation, sondern auch ich selbst in dieser Situation anders sein könnten. Allgemein gesprochen unterstelle ich, daß die zeitlich fortschreitende Sozialwelt so geordnet ist, daß ich mein Handeln schon antizipierend darauf einstellen kann (Ordnungsidealisierungen).

Eine Reihe anderer Basisregeln lassen sich als Sozialitätsidealisierungen bezeichnen. Ihnen gemeinsam ist die Unterstellung, daß Interaktionspartner miteinander kooperieren können, ohne daß dabei verschiedene Arten von Differenzen ins Gewicht fallen. Obgleich zwei Interaktionspartner räumlich und biographisch verschiedene Perspektiven haben, wird innerhalb einer konkreten Handlungssituation unterstellt, daß die Standpunkte ausreichend kongruent sind. Im Grunde kann ich mich in die Lage des anderen und er sich in meine Lage versetzen. Diese *Reziprozität der Perspektiven* etabliert im Vorgriff auf gelingende Verständigung die Möglichkeit faktischer Verständigung. Es handelt sich um ein Grundmuster egalitärer Kooperation, an dem alle Interaktion meßbar wird.

Weitere Idealisierungen sind die Unterstellung von Sinn und Kooperationsbereitschaft beim Interaktionspartner. Was immer der andere tut, ich unterstelle, daß es irgendeinen Sinn habe; kann ich keinen Sinn erkennen, kategorialisiere ich es in dafür vorgesehenen Deutungsmustern von Un-sinn wie »Krankheit«, »Unzurechnungsfähigkeit«, »Schabernack« o. dgl. Ähnliches gilt für Kooperationsbereitschaft: Ich unterstelle sie als selbstverständlich, wenn sie entzogen wird, müssen dafür Legitimationen beschafft werden, wo dies nicht möglich ist, werden Sanktionen wirksam.

Auf der zweiten Ebene von Konstitutionskontexten hat jede Gesellschaft die Bildung *sozialer Einheiten* zu bewerkstelligen. Unter solchen Einheiten sind gesellschaftliche Größen zu verstehen, die sich über eine Innen-außen-Differenz bestimmen lassen und mit anderen sozialen Einheiten in Austauschprozessen stehen. Als kleinste solcher Einheiten wären Selbstidentitäten von einzelnen anzusehen, Gruppen und Organisationen sind komplexere Beispiele.

Die dritte Ebene besteht in der Festlegung typischer in einer Gesellschaft funktionaler und erwartbarer *Handlungssequenzen*. Darunter sind relativ stabile Formen von Handlungsabläufen innerhalb und zwischen sozialen Einheiten zu verstehen. Auf der Personalebene können hier etwa sozial präformierte biographische Versatzstücke (schulische und berufliche Karrieren; religiöse Stufen der Selbstwerdung; lebenszyklische Phasen wie Kind – Jugendlicher – Erwachsener – alter Mensch; Statusübergänge und Karrieren familialer Art etc.) genannt werden. Materielle Austauschprozesse zwischen sozialen Einheiten können z. B. in einfache Tauschvorgänge oder komplizierte Kaufprozeduren unter Benutzung eines Zahlungsmittels typisiert sein. Einfachste alltägliche Routinen wie Begrüßungen, Verabschiedungen, Sympathiebekundungen, Beleidigungen u. dgl. sind ebenfalls typisiert. Sie sind in einer Weise festgelegt, daß jedes vollgültige Gesellschaftsmitglied mit dem gleichen Recht solche Handlungssequenzen erwarten kann, wie es selber in der Lage ist, sie für andere zuverlässig antizipierbar auszuführen.

Der letzte hier zu benennende Konstitutionskontext kennzeichnet die Ebene soziokulturell spezifischer Ausprägungen von *Steuerungs-, Produktions-, Verteilungs- und Konsumtionskontexten*. Diese Größen hängen jeweils in konkreten Gesellschaften spezifisch miteinander zusammen. Hier ist die Sicherstellung der materiellen Basis einer Gesellschaft angesiedelt, hier sind Politik, Wissenschaft und Religion einzuordnen, hier werden Macht und Herrschaft virulent. Diese Konstitutionsebene bestimmt inhaltlich die Ebenen zwei und drei mit, ebenso wie umgekehrt soziale Einheiten und Handlungssequenzen als unabhängige Variablen diesen Konstitutionsbereich bestimmen. Dabei dürfte es nicht so ohne weiteres möglich sein, theoretisch zu bestimmen, in welcher Weise Elemente innerhalb dieser verschiedenen Konstitutionsebenen aufeinander einwirken. Da sie in voneinander unabhängigen verschiedenen phylo- und ontogenetischen Traditionen entstehen können, sind die Determinationsrichtungen jeweils nur in historischer Analyse endgültig feststellbar.

Überall dort nun, wo innerhalb oder zwischen verschiedenen Konstitutionskontexten Brüche auftreten und Unerwartetes das bereits erstellte Wissen in Frage stellt, sind zur »Normalisierung« solcher Situationen *Legitimationen* gefragt. Hier erhalten dann

Wissenselemente auf der Ebene von Theorien und symbolischen Sinnwelten entsprechende Funktionen.

Alle Konstitutionsebenen können bei einer Analyse religiöser Phänomene in Betracht gezogen werden. Für die letzten beiden Ebenen mag dies auf Anhieb plausibel klingen (Rituale als Handlungssequenzen; religiöses Steuerungswissen). Aber auch die Konstitution sozialer Einheiten kann in bestimmten Fällen als Sedimentierung religiösen Wissens (beim Aufbau von Identität; innerhalb der Konsolidierung von Gruppen; bei der Bildung kirchlicher Organisationen) analysiert werden.

Die formalen Basisregeln der Interaktion scheinen auf den ersten Blick nicht auf religiöse Typen beziehbar zu sein, da sie formal, also inhaltlich unspezifisch Sozialität thematisieren, die allen konkreten Ausprägungen gesellschaftlicher Phänomene interaktionslogisch vorgelagert ist. Betrachtet man nun genauer die Struktur der Basisregeln, läßt sich an diesem Kernpunkt gesellschaftlicher Konstitution auch eine religiöse Dimension feststellen. Da es bei den genannten Basisregeln um nichtdeskriptive Idealisierungen geht, deren Wirkung auf wechselseitigen Unterstellungen beruht, läßt sich zumindest die These aufstellen, daß die formale Struktur der Sozialität in ihrem das Empirische übersteigenden, kontrafaktischen Charakter eine irreduzible religiöse Qualität hat. Religionen haben diesen Sachverhalt je auf ihre Weise inhaltlich zum Thema gemacht. Hier hätten dann, wenn es gelingt, diese These zu stützen, soziale Lebenswelt und inhaltlich verschiedenartig ausgebildete Religionssysteme ihren logischen Konvergenzpunkt: Lebenswelt verdankt sich in toto, unter Einschluß religiöser Systeme, dieser Qualität von Sozialität. Die für verschiedenste Bereiche bearbeiteten Kontingenzen im Religionssystem finden ihre interaktionslogische Wurzel in der Feinstruktur sozialen Handelns.

Wir sind der Ansicht, daß in den genannten Forschungstraditionen des symbolischen Interaktionismus, der Ethnomethodologie, der Ethnotheorie und der Ethnographie des Sprechens Theoreme und sprachverstehende Erhebungsmethoden bereitstehen, die bei entsprechender Weiterentwicklung gerade religionssoziologischer Forschung sowohl in der Analyse formaler Strukturen von Religion als auch bei der Erklärung gegenwärtiger Inhalte konkreter Religionen fruchtbar gemacht werden können.

Der Vorteil der Anwendung dieser Forschungsperspektive besteht in der Berücksichtigung der Eigendefinition von Gesellschaftsmitgliedern als primäre Theorie zur Orientierung in sozialer Interaktion. Darauf wird dann erst in einem zweiten Schritt soziologische Theorie aufgebaut.

3.

Die hier präsentierten Arbeiten bewegen sich mehr oder minder in dem unter 2. skizzierten Rahmen. Soweit es empirische Studien sind, lassen sie sich auf der Konstitutionsebene der Bildung sozialer Einheiten (Selbstidentität; kirchliche Organisation; Fernsehen) ansiedeln. Sie versuchen den kommunikativen Charakter jeder Forschungssituation methodisch in Rechnung zu stellen und forschungspraktisch bewußt zu verstärken. Schon die Ebene der Datenerhebung wird als kommunikative Situation gestaltet. Was die darauf aufbauende Neuformulierung alltagsweltlichern Wissens auf der Ebene wissenschaftlicher Theoriebildung angeht, verdanken sich alle hier vorgestellten Beiträge einem diskursiven Prozeß: Auf zwei religionssoziologischen Fachkongressen wurden sie 1976 und 1977 am Institut für Christliche Gesellschaftswissenschaften der Universität Münster kollegialer Kritik unterzogen.
Die Zielrichtung der einzelnen Aufsätze sei hier kurz angegeben.
Im ersten theoretischen Teil dieses Bandes befassen sich die Arbeiten von Mörth, Drehsen und Helle allgemein mit dem Phänomen religiöser Sinnsysteme. Mörth verbindet die Frage nach Religion mit der Konstitutionsfrage von Gesellschaft. In der Analyse der Strukturen sozialer Kontingenz und Konsistenz versucht er eine bloß formale Bestimmung von Religion, wie er sie bei Dux unterstellt, zu überwinden. Drehsen/Helle machen den Versuch, allgemeine Sinnsysteme globalen wissenschaftlichen Typisierungen zuzuordnen.
Der zweite Teil vereinigt die Arbeiten, die sich mit der Orientierungsleistung von Deutungssystemen für den einzelnen befassen. Döbert stellt die These auf, daß Sinnkonstitution sich auch in Handlungen vollziehen kann, die nicht auf ein übergeordnetes Sinnsystem zu beziehen sind. Schibilsky beschäftigt sich mit Typen und der ontogenetischen Entwicklung religiöser Kompetenz. Beide Studien setzen sprachverstehende Untersuchungsmethoden (offene Interviews; biographische Interviews) ein.
Im dritten Teil sind die Aufsätze gruppiert, die sich auf der Konstitutionsebene von Organisationen bewegen. Geller thematisiert die Funktion der katholischen Kirche bei der Konstitution alltäglicher Lebenswelt.
Benedict stellt das Fernsehen als sinnkonstituierende und sinnvermittelnde Institution zur Diskussion. Dieser Beitrag zeigt, daß auch scheinbar rein »säkulare« Phänomene einer religionssoziolo-

gischen Betrachtung unterzogen werden können, soweit sie sich in wissenssoziologischer Forschungsperspektive als Soziologie von Sinnstrukturen und Deutungssystemen begreift.

Ingo Mörth

Zur Konstitutionsanalyse religiöser Phänomene

Kontingenz und Konsistenz der Lebenswelt

1. Religionstheorie und Konstitutionsanalyse

Geht man mit dem Ziel der Formulierung einer umfassenden Religionstheorie als einer Theorie ausformulierter Sinnsysteme und ihrer Wirkung in der Lebenswelt des Menschen an das Problem der Religion heran, so führt dieser wissenssoziologische Zugang mehr als jeder andere zur Grundfrage soziologischer Theoriebildung überhaupt: der Frage nach der *Konstitution der sozialen Wirklichkeit.* Denn diese Problemstellung ist, wie wir zumindest seit P. L. Bergers und T. Luckmanns bahnbrechendem Werk über »Die gesellschaftliche Konstruktion der Wirklichkeit«[1] wissen, die zentrale Aufgabe der Wissenssoziologie. Daß die Religionssoziologie ein wichtiger Bestandteil eines solchen theoretischen Programmes sein muß, haben sie selbst bereits vorher festgestellt:

> »Die Religionssoziologie ist ein integraler und sogar ein zentraler Teil der Wissenssoziologie. – Ihre wichtigste Aufgabe besteht in der Analyse des kognitiven und normativen Apparates, durch welchen ein sozial konstituiertes Universum (das bedeutet ›Wissen‹ über es) legitimiert wird.«[2]

Mit der Erkenntnis, daß Religion zutiefst in den Prozeß der Konstitution der menschlichen Lebenswelt verwoben ist, waren Berger und Luckmann freilich nicht die ersten. Die Frage nach der Konstitution von Individualität und Sozialität menschlicher Existenz und dem Stellenwert der Religion darin beschäftigte implizit oder explizit alle Autoren, die den Versuch zu einer allgemeinen Religionstheorie unternahmen.

Bereits bei den »Klassikern« der Religionssoziologie sind wesentliche Elemente einer wissenssoziologischen Bestimmung des grundlegenden Verhältnisses von Religion und Lebenswelt herausgearbeitet: Religion wird aufgrund der Analysen von Marx, Weber und Durkheim[3] als Wissen um die menschliche Unzulänglichkeit einerseits und als Stück gesellschaftlicher Wirklichkeit andererseits erfaßbar, das individuell wie kollektiv diese Unzulänglichkeit, all die vielfältigen, dem menschlichen Bewußtsein erfahrbaren kontingenten Aspekte der Lebenswelt, handlungsrelevant zu bewältigen hilft.

Fassen wir diese wissenssoziologischen Momente einer Konstitutionsanalyse der Religion bei Durkheim, Marx und Weber zusammen; da sie die Basis für alle weiteren religionssoziologischen Versuche darstellen, Religion in ihrem Bezug zur gesellschaftlichen Wirklichkeit zu erfassen. Religion wurzelt in den individuellen Problemen der Weltdeutung und Lebensführung. Sie ist einerseits Kompensation für nicht Deut- und Bewältigbares (Feuerbach, Marx), andererseits Symbol dafür, daß menschliches Leben nur als gesellschaftliches, als Einbindung in ein Sozialgefüge möglich ist (Durkheim). Religion verweist als menschliche Utopie auf noch nicht verwirklichte Möglichkeiten menschlicher Weltgestaltung (Marx) und motiviert zu ihrer Verwirklichung, zu fortschreitender Herrschaft über Natur und »naturwüchsige« Gesellschaftsstrukturen (Weber). Ihre Transzendenz bleibt an den Entwurf menschlichen Bewußtseins gebunden (Religion als Projektion); dieser Entwurf reflektiert die Probleme und Widersprüche gesellschaftlicher Existenz (Religion als Ideologie, Marx).

Sowohl P. L. Berger als auch Th. Luckmann versuchten selbst, eine Religionstheorie als zentralen Teil einer Wissenssoziologie auszuformulieren, P. L. Berger[4] konstituiert Religion innerhalb der Dialektik von Externalisierung, Objektivierung und Internalisierung, die die soziale Wirklichkeit ergibt, sowohl am Problem der Welterrichtung, als auch am Problem der Welterhaltung. Religion errichtet durch Sakralisierung Sinn hinter der Alltagswelt und stabilisiert diese in einer Ordnung »letzten Sinns«. Religion ist somit der Grundstein im Gebäude von sozial objektiviertem Wissen, das die soziale Wirklichkeit einer Kultur darstellt. Die sakralen Provinzen der Wirklichkeit (der »heilige Kosmos«) ermöglichen erst die Errichtung, Erhaltung und Weiterentwicklung ihrer profanen Bereiche (»sozialer Nomos«).

In einem viel umfassenderen Sinn konstituiert Luckmann Religion im Sinne einer wissenssoziologischen Perspektive[5]. Bei ihm fehlt die Unterscheidung zwischen heiligem Kosmos und sozialem Nomos. Für Luckmann ist alles Menschliche gleichzeitig schon religiös. Religion konstituiert sich an dem »was den Menschen zum Menschen werden läßt«[6]. Menschwerdung ist Einübung und Einzwängung des instinktarmen Tieres »homo sapiens« in ein das Einzeldasein transzendierendes Sinngefüge, Sozialisierung ist damit bereits ein religiöser Prozeß. Transzendenz heißt in diesem Zusammenhang die Überschreitung jeder unmittelbaren persönlichen Erfahrung durch intersubjektive soziale Erfahrung, die sich in Kom-

munikation und Interaktion als »zweite Wirklichkeit« konstituiert. Religion ist damit Bestandteil der gesellschaftlichen Wirklichkeitskonstruktion, die das »Transzendentale« sozialer Existenz thematisiert und so die Umweltbeziehungen des Menschen (zum Naturkosmos und zum »sozialen Kosmos«) strukturiert und verfügbar macht (vgl. Weber!).
Diese abstrakt-funktionalistische Fassung der wissenssoziologischen Konstitution von Religion kritisiert nun G. Dux, der einen der interessantesten Versuche unternommen hat, eine Konstitutionsanalyse religiöser Phänomene zu formulieren:

»Für sich allein, d. h. als bloß definitorische Bestimmung betrachtet, ist wenig damit gewonnen festzustellen, daß die Wirklichkeit sinnhaft konstituiert ist, und die Religion an dieser Sinnhaftigkeit Anteil hat. Das hat man, eingebettet in den jeweiligen Verständnishorizont, zu allen Zeiten gewußt. Auch ist dann nicht ersichtlich, was dadurch gewonnen wird, diesen Prozeß in toto als religiös zu bezeichnen. Richtig verstanden zielt Luckmann jedoch gar nicht auf eine Umfangerweiterung des Religiösen. Die Absicht ist vielmehr, Religion in den Konstitutionsprozeß der Wirklichkeit zu integrieren. Diese Absicht ist insoferne ein wichtiger Schritt auf dem Wege zur Aufklärung von Religion, als sie auf das Verfahren verweist, durch das sie sich auch verwirklichen läßt: Nirgends anders als in den Bedingungen dieses Konstitutionsprozesses ist auch ihre Erklärung zu finden.«[7]

Auch für Dux konstituiert sich so gesehen Religion als Fundament der Wirklichkeitskonstruktion, allerdings in spezifischer Weise: als Thematisierung ihrer Tiefenstruktur. Diese Tiefenstruktur der Wirklichkeitsauffassung ist für Dux prinzipiell subjektivisch, denn die Konstitution der menschlichen Lebenswelt erfolgt im Sinne einer Dialektik der Arbeit durch das (subjektivische) Schema der Handlung. Konstitution der Lebenswelt bedeutet also nach Dux, die Wirklichkeit mehr oder weniger systematisiert in Gegenlage zum Subjekt zu bringen. Dieses subjektivische Schema steht nach Dux in Anlehnung an Piaget und Wygotsky am Ursprung des Konstitutionsprozesses der Lebenswelt; es wird von dem im Laufe der Entwicklung angesammelten »objektivierten« Wissen zwar überlagert, kommt aber wieder zur Geltung, wenn Probleme im Handlungsfeld, d. h. Situationen auftreten, in denen derartiges Wissen nicht zur Verfügung steht.
Das subjektivische Schema nennt Dux dann die Tiefenstruktur der Wirklichkeit, da es ihr im Konstitutionsprozeß zugrunde liegt. Die Auffassung der derart konstituierten Wirklichkeit muß davon jedoch unterschieden werden und kann dann deren urwüchsige Gestalt überlagern, indem eine neue Stufe der Reflexivität, der *Distanz zu den eigenen Konstrukten*, erreicht wird. Doch auch

dieser in fortgeschrittenen Kulturen vollzogene Wandel der Wirklichkeitsauffassung zur »rationalen Verbundmatrix« bleibt an die anthropologischen und somit subjektivischen »Bedingungen der Wirklichkeitskonstruktion gebunden; der Unterschied liegt im Grad der Bewußtheit: die subjektivische Matrix wird nicht länger als ontologische thematisiert.«[8]

Diese etwas ausführlichere Darstellung von Dux' Voraussetzungen zur Konstitution von Religion war notwendig, um seine Bemerkungen zu Funktion und Gehalt der Religion zu verstehen. Auch für Dux ist, wie einst für Marx, »das Geheimnis der Theologie die Anthropologie«:

»Es ist diese schlechthin existentielle Aufgabe, die Tiefenstruktur der Wirklichkeit zu thematisieren und auf ihre Konsequenzen hin abzufragen, die in der Religion ihren Ausdruck gefunden hat. In ihr hat der Mensch mit dem Verständnis der Wirklichkeit insgesamt zugleich sich selbstverständlich gemacht. Deshalb auch gibt es keine Religion, die nicht zugleich eine Kosmologie ausgebildet hätte. In der Wahrnehmung dieser Aufgabe, die Tiefenstruktur zu thematisieren, hat sich die Religion so sehr an das subjektivische Schema gebunden, daß es schließlich zu ihrem eigenen Definiens geworden ist.«[9]

Religion verbindet sich also konstitutiv mit der subjektivischen Tiefenstruktur der menschlichen Lebenswelt, die ihr in der Entwicklung urwüchsig zugrunde liegt und in der Praxis des täglichen Handelns und der täglichen Anschauung (der Alltagswelt) immer wieder zutage tritt.

Aus dem sozialen Prozeß der Konstitution der Lebenswelt will Dux dann auch verständlich machen, weshalb die religiösen Deutungen in so auffälliger Weise die gesellschaftliche Organisation widerspiegeln:

»Exakt diese Bedingung, die sozio-historisch konkrete Form nicht in der Universalität der allgemeinen verloren gehen zu lassen, wird erfüllt, wenn man den Grund der mannigfachen und in ihrer konkreten Fülle unendlich variablen Anschauungsweisen in einer ganz spezifischen Konstitution der Lebenswelt sieht, eben jener, die auf die Struktur des subjektivisch-explikativen Schemas festgelegt ist. In primitiven Kulturen wird diese Struktur durch die Religion in der Weise thematisiert, daß sie sozusagen wörtlich genommen wird. Alle Welt ist nicht nur in dem Sinne Sozialwelt, daß ihr dieses Schema unterliegt. Das tut es, wie dargelegt, gegenwärtig auch. Sie wird auch als wirklich subjektivisch hingestellt. Bei der näheren thematischen Ausgestaltung dieser Auffassung, auf der semantischen Ebene also, ist der Phantasie kaum eine Grenze gesetzt. Hier machen sich die ökologischen Besonderheiten ebenso geltend wie der mit einer Unzahl von Zufälligkeiten angereicherte Wirkungszusammenhang der jeweiligen Geschichte. Der harte Kern der Struktur jedoch ist in jeder wiederzufinden.«[10]

Die Thematisierung der Struktur ergibt sich notwendig aus der anthropologischen Konstitution, da ja die »exzentrische Position des Menschen«, seine Reflexivität und Subjektivität sich auch erst im Prozeß der Konstitution der Lebenswelt ergibt und nicht ein quasi biologisches Apriori ist. Daraus resultiert auch die Universalität der Religion:

> »Allerwärts ist sie deshalb in jene beiden grundlegenden Aufgaben verstrickt, die im Aufbau der Lebenswelt zu bewältigen sind: einer vorgegebenen naturalen Wirklichkeit Herr zu werden und dem Menschen neben den sinnhaften Kriterien des Handelns im einzelnen den Sinn seiner Lebensführung überhaupt zuzusprechen.«[11]

Der Kerngedanke einer wissenssoziologischen Bestimmung von Religion erscheint nun in aller Deutlichkeit: Religion als gesellschaftlich konstituierte und tradierte »Sinnprovinz« (Schütz) bestimmt sich in Form und Inhalt durch die alltägliche Wirklichkeit einer Kultur und steht zum Alltagswissen in einem engen Verhältnis der Ergänzung und Entsprechung. Religiöse Symbolisierungen bleiben an die Grundstruktur der Lebenswelt gebunden.

Eine Konstitutionsanalyse religiösen Wissens gerät jedoch allzuleicht in die Gefahr, vor allem die »Kategorialität des Erlebens und Erkennens« (Schütz) in religiösen Sinnsystemen auf Kategorien der alltäglichen Lebenswelt zurückzuführen, also lediglich die formale Struktur religiösen Wissens zu erklären.

Bei der Religionsanalyse von Dux wird nun diese rein formale Konstitutionsanalyse religiösen Wissens auf der fundamentalsten Stufe durchgeführt und dabei bis an die Grenzen des Möglichen generalisiert: soziale Wirklichkeit wurzelt im Handeln in der Welt, dieses subjektive Schema bestimmt das Wissen über die Welt und damit auch Religion. Religiöse Deutungen erscheinen in subjektivierter Form und stellen sozusagen die Rückbindung an die subjektivische Tiefenstruktur der Wirklichkeit dar.

Auch uns geht es, wie Dux, darum, »Religion aus den Anforderungen der inneren Logik der Lebenswelt«[12] in ihrer Konstitution verständlich zu machen.

Wenn wir die Konstitution der Lebenswelt in einer Dialektik der Arbeit durch Dux, die freilich bereits von Marx entwickelt wurde[13], akzeptieren, so müssen wir mehrere Aspekte eines derartigen dialektischen Verhältnisses, in dem Wirklichkeit als geordnete und symbolhaft dargestellte sich konstituiert, analytisch unterscheiden.

Die »symbolischen Kürzel« (Luhmann), die in ihrem Zusammenhang religiöses Wissen wie Alltagswissen ergeben, können, greift man auf die sprachanalytische Symboltheorie zurück, in ihrer inneren Struktur (Syntax), ihrem Bedeutungsgehalt (Semantik), und bezüglich ihrer Verwendung im konkreten Handlungszusammenhang (Pragmatik) analysiert werden. Die Symbolik gesellschaftlichen Wissens im allgemeinen und religiösen Wissens im besonderen muß auch in ihrem semantischen und pragmatischen Bezug zur Lebenswelt handelnder Individuen herausgearbeitet sein, bevor eine Konstitutionsanalyse als befriedigend bezeichnet werden kann.

Dux versucht, Religion primär in syntaktischer Abstraktion zu konstituieren. Er konzentriert sich auf die innere Logik und Struktur religiöser Symbole und entwickelt die religiöse Syntax als subjektivische Matrix. Die Konstitution der Lebenswelt hat für ihn die Konsequenz, daß durch Religion symbolisierte Sachverhalte stets in subjektivischer (personifizierter bzw. substanzialisierter) Form thematisiert werden. So verwendet er auch viel Mühe darauf, den »harten Kern« seiner subjektivischen Syntax überall wiederzufinden: in Götter-, Geister- und Dämonenvorstellungen, in den Heiligen der christlichen, in den Götterfiguren der buddhistischen (Populär-)Religion, in philosophischen Ablegern bis hin zum Kausalitätsbegriff, in der Logik von Kosmologien. Fragen der Semantik stehen bei ihm jedoch am Rande: nämlich, welche Sachverhalte bzw. Situationen von Menschen durch religiöse Symbole (Vorstellungen, Riten, Glaubensinhalte) thematisiert werden, wie diese Symbolisierung erfolgt, und wodurch religiöse Symbole ihre Bedeutung erlangen.

So wichtig Fragen der Struktur religiöser Symbole sind, eine Konstitutionsanalyse religiöser Sinnsysteme kann sich u.E. nicht auf die Klärung ihrer konstitutiven Syntax beschränken, wenn dieser Schritt auch notwendig ist. Es gilt vielmehr, auch ihren »Objektbezug«, d.h. nicht nur ihre formale Konstitution aus der Lebenswelt, sondern auch ihre inhaltliche zu erarbeiten. Dux streift die damit aufgeworfenen Fragen nur, indem er auf die »Bewältigung von Handlungsproblemen« und die »Bestimmung des Selbstbildes« der Gesellschaftsmitglieder und der Gesellschaft schlechthin verweist. Religion konstituiert sich nun auf der semantischen Ebene, indem sie auf die Kontingenz[14] und Inkonsistenz der Lebenswelt verweist und durch Bewältigung dieser Kontingenz dazu verhilft, eine konsistente Alltagswelt hervorzubringen und zu erhalten (vgl. Berger).

Diesen Gedankengang gilt es nun analytisch zu präzisieren.

2. Konstitutive Elemente religiöser Deutungen

2.1. Elemente der personalen[15] Reflexivität

Der Ausgangspunkt der Überlegungen ist das Verhältnis des (Einzel-)Menschen zu seiner Umwelt. Aufgrund der biologischen Ausstattung ist der menschliche Organismus dieser Umwelt nicht mit instinkthaften Reiz-Reaktions-Sequenzen angepaßt, sondern weltoffen, d. h. auf keine Umwelt mit bestimmten Auslöser-Qualitäten festgelegt. Um das Überleben zu gewährleisten, müssen nun bestimmte Selektionen getroffen werden. Diese Selektionen beruhen nun in ihrem personalen Aspekt auf einem Prozeß der Distanzierung sowohl von den eigenen Antrieben und Bedürfnissen als auch von den Objekten der Umwelt. In der Psychoanalyse wird dieser Prozeß als Ich-Bildung erfaßt, Mead versuchte, ihn mit dem Begriff der reflexiven Intelligenz zu bestimmen[16]; wir wollen diese Distanz zum eigenen Erleben und Handeln, die Reflexion und Antizipation der Umwelt in ihren Qualitäten der Bedürfnisbefriedigung schlicht als Bewußtsein, und das Ergebnis des Selektionsprozesses als Sinn bezeichnen. Sinn ist dann die an Bedürfnissen und Umweltobjekten reflektierte Begründung einer Handlung (vgl. Luhmann)[17].
Die bewußte Reflexion der Umweltbeziehungen konstituiert (personale) Wirklichkeit. Diese Wirklichkeit bleibt jedoch in bezug auf individuelles Handeln und Erleben in mehrfacher Hinsicht problematisch:

a) Eine zielorientierte und damit rationale Beziehung zur Umwelt muß Bereiche der Wirklichkeit berücksichtigen, die ein erfolgreiches Handeln bedrohen können. Sie muß diese Bereiche erklären und ebenfalls unter handlungsrelevanten Gesichtspunkten konzipieren. Hierin konstituieren sich nun die magischen Elemente der Religion. Diese Konstitution erfolgt entweder im Sinne der Beeinflußbarkeit (magische Rituale, Opfer, Gebet) oder der Erkennbarkeit und Berechenbarkeit (z. B. Prophetie, Astrologie) der bedrohlichen Aspekte der Wirklichkeit.

b) Indem die Wirklichkeit reflexiv konstituiert ist, und d. h. in bezug auf das personale Bewußtsein als sinnvolle Strukturierung und Ordnung der Sinneseindrücke, verbleiben Elemente im Überraschungsfeld der Welt, die wahrnehmbar, aber nicht einordenbar sind. Unter der Prämisse der Stetigkeit und Kontinuität des reflexiven Bewußtseins und der Sinnhaftigkeit der Wirklichkeit muß diese die Möglichkeit bieten, solche »Einbruchstellen des Unbestimmten« (Luhmann) abzudecken und sinnvoll zu verarbeiten. Darin konstituieren sich die explikativen Elemente der Religion. Diese Konstitution erfolgt nun entweder subsidiär (nur Erfahrungen jenseits der alltäglichen Wirklichkeit werden expliziert [etwa im Begriff Wunder]), oder umfassend (die gesamte Wirklichkeit wird in einem kohärenten Deutungssystem erfaßt, in das das Alltägliche und Außeralltägliche einordenbar ist).

c) Das Verhältnis der bewußten Reflexion des personalen Erlebens und Handelns durch Konstitution von Wirklichkeit impliziert das Bewußtsein der Beschränktheit der (im Sinne zielgerichteten Handelns) Partizipation an dieser Wirklichkeit. E. Brunmayr spricht in Anlehnung an Schütz von drei Grunddilemmata, die zu reflektieren und zu bewältigen sind[18]:

(1) Das Dilemma der Zeitlichkeit, der zeitlichen Abfolge des Erlebens und Handelns, der Kontinuität des Erlebnisablaufes und damit der Notwendigkeit, jede Situation zu vergangenen und künftigen in Beziehung zu setzen. (2) Das Dilemma der räumlichen Beschränktheit, d. h., daß jeweils nur an einer Situation, an einem geographischen Ort partizipiert werden kann, während »in Wirklichkeit« deren mehrere konzipierbar sind, und (3) das Dilemma des beschränkten energetischen Potentials, d. h., daß die Erlebnis- und Handlungskapazität nicht ausreicht, um in Raum und Zeit alle situativen Möglichkeiten zu berücksichtigen.* Die handlungsrelevante Konstitution der Wirklichkeit stattet also diese mit mehr Handlungsmöglichkeiten aus, als individuell abdeckbar sind. In dieser räumlichen, zeitlichen und energetischen Beschränktheit konstituieren sich nun die personal-kompensatorischen Elemente der Religion. Diese Kompensation kann projektiv (Aufhebung aller Beschränkung in einer absoluten Existenz, sei es eines göttlichen Prinzipes [Allmacht, Allwissen] oder einer transzendenten Gegenwelt nach dem Tode) und/oder retrospektiv sein (Begründung und Sinndeutung aller aktuellen, konkreten Beschränkung individuellen Erlebens und Handelns in der Rückbindung an eine transzendente Wirklichkeit). Konzepte wie Schicksal, göttliche Fügung, Prädestination wären hier als Beispiel anzuführen.

2.2. Konstitutive Elemente des Verhältnisses Individuum – Gesellschaft

Der Versuch, die Konstitutionsbedingungen von Religion auf der inhaltlichen Ebene zu erfassen, kann sich jedoch nicht auf die Problematik personaler Reflexivität und die darauf bezogene religiöse Thematisierung der Wirklichkeit beschränken. Ohne die

* Unsinn: notwendig ist die ökon. Prämisse, erst danach Selektionsvorgang – das sind doch alles nicht wertfreie, abgehobene Bewußtseinsvorgänge: das Ineinander der Ebenen ist das komplizierte – nicht oo: das läuft auf subjektiv falsche Selektionsstrategien raus!

Einbeziehung des sozialen Charakters dieser Wirklichkeit sowie der Konstitution personalen Bewußtseins in sozialen Beziehungen wäre unsere Konstitutionsanalyse unvollständig und mißverständlich.

Die bewußte Reflexion der Bedingungen individuellen Handelns ist als originäre Leistung des einzelnen nicht denkbar. Erst die reflexive Ko-Orientierung[19] am anderen, die gegenseitige Normierung und Stabilisierung von Erwartungen (objektiver Sinn [Schütz])[20] ermöglicht das Verhältnis der Distanz zu sich selbst und der Umwelt. Die intentionalen Leistungen des Bewußtseins, die Sinn konstituieren, sind nicht ohne Vorgabe der Sozialwelt denkbar[21]. Diese Vorgabe der Sozialwelt ist nun in bezug auf das Verhältnis des einzelnen zu ihr in mehrfacher Hinsicht problematisch und damit konstitutiv für Religion:

a) Individuelle Antriebe und Bedürfnisse sind, wenn auch in Sozialbeziehungen konstituiert und kanalisiert, nicht mit den durch diese Sozialbeziehungen gegebenen Erfüllungsmöglichkeiten deckungsgleich. Gerade die Prämisse der Reflexion sowohl der Antriebe als auch der Umwelt als »Erfüllungshorizont« läßt diese Differenz zu »Bewußtsein kommen«. Partizipation an der Sozialwelt bedeutet damit Beschränkung, Triebverzicht (Freud). In diesen Beschränkungen konstituieren sich die sozial-kompensatorischen Elemente der Religion. Diese Kompensation kann nun ebenfalls projektiv oder retrospektiv, aber auch gratifizierend sein. Eine projektive Kompensation verlegt den Ausgleich sozialer Beschränkungen wieder in die absolute Existenz eines himmlischen Reiches, in dem etwa Gerechtigkeit, Freiheit, Gleichheit verheißen werden, oder die Aufhebung aller existenziellen Beschränkung in die absolute Nicht-Existenz des Nirwana. Retrospektive Kompensation erklärt alle soziale Beschränkung zum Ausfluß des Willens einer göttlichen Macht, die vom einzelnen Triebverzicht und Einfügung in die soziale Ordnung fordert. Das Konzept der Sünde wäre hier als Beispiel anzuführen[22]. Die soziale Kompensation verbindet sich jedoch meist mit einem gratifizierenden Moment: Selbstbeschränkung und Triebverzicht im Sinne der Einfügung in eine vorgegebene Sozialwelt wird belohnt, indem die Erfüllung des göttlichen Willens mit der Verheißung der Teilhabe an den projektiven Aufhebungen dieser Beschränkungen verbunden wird. Komplementär dazu und in Verbindung mit den Problemen der Dauer und Stabilisierung transpersonaler Handlungsstrukturen konstituieren sich auch sanktionierende Momente: Die Übertretung der als Wille übernatürlicher Mächte gefaßten sozialen Beschränkungen wird mit Strafe bedroht. Dies führte in manchen Religionen zur »negativen Projektion« einer transzendenten Gegenwelt, in der alle Beschränkungen potenziert sind (Hölle), oder zur Konzipierung eines Zyklus der Wiedergeburten, die den Zwang zum neuerlichen Durchlaufen einer beschränkten individuellen Existenz bei mangelhafter Selbstbeschränkung beinhalten.

b) Identität und Bewußtsein des einzelnen konstituieren sich nur durch soziale Lernprozesse, durch Konfrontation mit einem alter ego und Übernahme von dessen (Rollen-)Verhalten und den gemeinsamen Deutungsmustern des Verhaltens[23], kurz: Individualität ist nur vermittels stabilisierter Sozialbeziehungen möglich. Damit wird sowohl jedes neugeborene Kind und dessen Sozialisierungsprozeß, insofern es eben nach der Geburt noch nicht Sozialwesen ist, als auch jede personale Biographie im Sinne der Identitätssicherung problematisch, insofern im Verlauf der gesellschaftlichen Existenz sowohl typischerweise als auch zufällig tiefgreifende Veränderungen in den Sozialbeziehungen erfolgen können, die sowohl die personale Identität als auch die notwendige Partizipation an der Sozialwelt bedrohen. An dieser Problemlage konstituieren sich die personal-integrativen Elemente der Religion. Sie »kitten« die Bruchstellen der sozialen Existenz des einzelnen. Die »rites de passage« (Durkheim) sind in diesem Sinne zu verstehen. Geburt und Tod und typische Diskontinuitäten in der Sozialbindung (Kind – Erwachsener, Heirat etc.) werden so verarbeitbar gedeutet und rituell bewältigt. Als personal-integrativ müssen aber auch generalisierte Konzepte verstanden werden, die eine reflektierte Identitätssicherung, über alle konkreten Sozialbeziehungen hinaus, ermöglichen (etwa das Konzept der Gotteskindschaft, das ein absolutes alter ego postuliert, das die Vorläufigkeit aller anderen Bezüge aufhebt). Stehen solche generalisierten Konzepte dem einzelnen nicht zur Verfügung, ist die personale Identität bei unvorhergesehener, tiefgreifender Änderung der sozialen Umwelt vom Zusammenbruch bedroht. Beobachtungen in Konzentrationslagern liefern dafür ein reiches Material. Sind in einer Religion solche generalisierten Konzepte nicht entwickelt, dann sind ganze Völker bei plötzlicher, umwälzender Änderung ihrer Lebensbedingungen und damit der routinisierten, gesicherten sozialen Beziehungen vom Zusammenbruch ihrer personalen und sozialen Identität betroffen. Anthropologische Forschungen über das Zusammentreffen von Stammeskulturen mit westlicher Zivilisation und Kultur belegen diese These.

c) In der unmittelbaren sozialen Interaktion (der »sozialen Umwelt« (Schütz)[24] ist der andere dem eigenen, personalen Erleben und der Erfahrung nie voll zugänglich. Schütz hat das für sinnvolles soziales Handeln konstitutive Fremdverstehen einer eingehenden Analyse unterzogen; die Problematik des Fremdverstehens und der auf ein alter ego gerichteten transzendenten Akte, die ja für den einzelnen erst die Einbindung in die Sozialwelt ermöglichen, ist von ihm folgendermaßen formuliert worden:

»Prinzipiell steht aber mein gesamter Erlebnisstrom, nämlich das Kontinuum meines erlebniserfüllten Dauerablaufes in seiner Fülle meiner Selbstauslegung jederzeit offen. Diese Aussage kann für den Erlebnisstrom des alter ego, welches dem Ich zur Auslegung aufgegeben ist, keinesfalls gelten. Gewiß: auch der Erlebnisstrom des Du ist ein Kontinuum: aber das Ich erfaßt von ihm nur diskontinuierliche Segmente ...
Wir können daher zusammenfassend sagen, daß der Selbstauslegung die eigene Dauer kontinuierlich und in Vollständigkeit, dem Fremdverstehen aber die fremde Dauer in diskontinuierlichen Segmenten und niemals in Vollständigkeit, sondern nur in ›Auffassungsperspektiven‹ vorgegeben ist.
Damit ist aber auch ausgesagt, daß die Fremdseelisches zum Gegenstand habenden Cogitationes *prinzipiell zweifelhaft* sind, im Gegensatz zu der prinzipiellen Unzweifelhaftigkeit der auf eigene Erlebnisse gerichteten immanenten Akte.«[25]

An dieser prinzipiellen Zweifelhaftigkeit des anderen, die der Notwendigkeit des Fremdverstehens für die auf ein anderes Bewußtsein gerichteten transzendenten Akte[26] gegenübersteht, konstituieren sich die korrelativen Elemente der Religion: Die Unzugänglichkeit des anderen wird durch religiöse Akte und Konzepte überwunden, indem das fremde Bewußtsein als Korrelat des eigenen erfahrbar wird. Diese Konstitution korrelativer Elemente erfolgt sowohl in kognitiver als auch in expressiv-aktiver Hinsicht. Konzepte wie die Einheit in Gott, die »unio mystica«, symbolische Akte wie die Kommunion verweisen auf die kognitive Verarbeitung der prinzipiellen Fragwürdigkeit des Du in seiner Kontinuität und Totalität. Besondere Rituale des Tanzes oder des Drogengenusses verweisen auf eine Tendenz zur expressiven, mystisch-ekstatischen Auslöschung oder Erweiterung des Ich und damit zur vollen Kongruenz mit dem Du.

d) Zielgerichtete Interaktion und Kommunikation ist nur in einem Horizont gemeinsamer Bedeutungsgehalte und Handlungsorientierungen möglich. Je komplexer diese gesellschaftlichen Handlungszusammenhänge nun sind, desto geringer werden die Möglichkeiten, diesen gemeinsamen Horizont ad hoc in konkreter Interaktion aufzubauen und zu modifizieren. Gemeinsame Bedeutung und Orientierung wird objektiviert und typisiert, und damit ergibt sich die Problematik der sozialen Mitwelt (Schütz)[27]. Die soziale Mitwelt und die in ihr gegebenen sozialen Beziehungen wurden in der Soziologie vor allem mit dem Begriff der Rolle definiert. Der soziologische Rollenbegriff deckt sich nun mit dem von Schütz verwendeten Begriff des »personalen Idealtypus«, dessen Problematik er folgendermaßen darlegt:

»Besteht die umweltliche soziale Beziehung in dem Ineinandergreifen einander wechselseitig fundierender Blickwendungen auf das Bewußtsein des Du, so wird dem in der mitweltlichen Sozialbeziehung Stehenden jenes Aufeinandereingestelltsein ... überhaupt nicht evident. ... Er erlebt also das Vorhandensein einer sozialen Beziehung nicht ... in lebendiger Evidenz, sondern setzt es nur hypothetisch an.
... Auch ich trete dem Partner ... nicht als ein Selbst, als ich selbst gegenüber ...
Die mitweltliche Ihrbeziehung besteht also in einer subjektiven Chance dafür, daß jenes Deutungsschema, welches ich meinem ... Partner unterstelle, durch eben dieses alter ego ... kongruent angewendet wird. An die Stelle der vielfältigen Spiegelung einander fundierender Blickwendungen ... tritt daher in der mitweltlichen Sozialbeziehung die Reflexion auf das den beiden Partnern gemeinsame Schema der Typisierung. Dieses Schema ist prinzipiell *unverifizierbar*, denn das mitweltliche alter ego ist uns niemals unmittelbar, sondern nur mittelbar gegeben. Je mehr ... das ... Deutungsschema standardisiert ist, je mehr dieses Deutungsschema mit den durch Recht, Staat, Tradition, Ordnungen aller Art ›genormten‹ Deutungsschematen übereinstimmt, um so größer ist meine subjektive Chance, daß auf meine ... Aktion eine adäquate Reaktion seitens des Partners erfolgen wird.«[28]

Diese prinzipielle Nicht-Verifizierbarkeit der gemeinsamen Schemata der Typisierung, also der Rollenerwartungen, Handlungsnormen usw. sowie die Notwendigkeit, im Sinne der Erwartungssicherheit auf ein adäquates Handeln des anderen vertrauen zu können, ohne dies durch gegenseitige Zuwendung und Abstimmung erreichen zu können, läßt nun die Handlungsmuster als prekär bezüglich der anderen am Handlungszusammenhang beteiligten Individuen erscheinen. Eine Abstützung der gemeinsamen Handlungsorientierung durch unmittelbare Interaktion ist zwar ex post möglich, im Handlungsentwurf des Individuums jedoch nicht, und muß auf andere Weise erreicht werden. Hierin konstituieren sich nun die normativen Elemente der Religion. Die Normen mitweltlichen Zusammenhandelns werden im »transzendentalen Kosmos« (Berger) abgestützt und erhalten so ihre Evidenz und für den einzelnen den Charakter der Verbindlichkeit, während eben eine derartige gemeinsame Anerkennung und Begründung transpersonaler Handlungsnormen für den einzelnen das Vertrauen auf die Chance erfolgreichen Handelns in der Mitwelt ermöglicht.

Prägnantestes Beispiel für eine normative Konstitution von Elementen des religiösen Feldes wäre der Hinduismus, der die Normen des indischen Kastenwesens als verbindliche soziale Pflicht für den einzelnen religiös definiert und so die Stellung des einzelnen in diesem System und die entsprechenden Verhaltensmuster in verbindlicher Weise garantiert. Die einzige Möglichkeit für den einzelnen, dieses System zu transzendieren, liegt gerade in der besonders rigorosen Erfüllung der sozialen Pflichten und der Chance der Wiedergeburt auf einer Position mit besseren Handlungsvoraussetzungen.

2.3. Konstitutive Elemente in der Stabilisierung transpersonaler Handlungsstrukturen

Wir haben nun versucht, eine Konstitution der Lebenswelt unter Zugrundelegung des Einzelmenschen und seiner Stellung zur Welt nachzuskizzieren und an den Inkonsistenzen dieser handlungsbestimmten Konstruktion der Wirklichkeit konstitutive Elemente für Religion aufzuweisen. Diese Vorgangsweise konkretisiert auch die vage Bestimmung von Religion durch Yinger anhand »letzter Bedingungen menschlicher Existenz«[29]. Ein selbstverständliches Fazit war bisher: Ohne institutionalisierte, d. h. die individuelle Zeitlichkeit überdauernde Orientierung und Ordnung der Wirklichkeit, ohne vorgegebene Handlungsmuster kann der Mensch nicht überleben, d. h. eine seine Existenz garantierende materielle Daseinsvorsorge leisten. Diese »soziale Wirklichkeit«, der Bestand gesellschaftlichen Wissens, entlastet den einzelnen von der Grundnotwendigkeit umweltoffener (biologischer) Systeme, eine relevante Umwelt zu definieren, seine Aktivitäten auf diese Umwelt hin zu koordinieren und seine Antriebe damit zur Kongruenz zu bringen. Diese soziale Wirklichkeit, die »Kultur«, variiert und wandelt sich mit ihren Bestandsvoraussetzungen, d. h. der »natürlichen Umwelt« und ihren Lebensbedingungen und dem Verhältnis ihrer Elemente untereinander, d. h. den damit gegebenen Variationsmöglichkeiten.

Aus der überindividuellen Konzeption und dem die individuelle Dauer überschreitenden zeitlichen Horizont dieser transpersonalen Strukturen ergeben sich nun einige besondere Probleme, die ebenfalls als konstitutive Elemente in ein religiöses Sinnsystem einfließen:

a) Die Errichtung von und der Wandel bestehender Wirklichkeit ist sowohl in kognitiver wie in aktiver Hinsicht nicht so ohne weiteres möglich. Die Typisierung und Stabilisierung bestimmter Perspektiven der Realität und bestimmter Möglichkeiten individuellen und interaktiven Handelns in einem sozialen Prozeß relativiert die Ergebnisse dieses Prozesses und bedroht sie mit Zerfall, wenn der konstitutive Interaktionszusammenhang nicht mehr gegeben ist, was z. B. schon durch das Hinzukommen neuer Individuen eintreten kann. Dieses Problem ist komplementär zum Problem der Verifizierung der transpersonalen Schemata, auf das wir die normativen Elemente der Religion bezogen. Nun geht es allerdings nicht um die Verifizierung für den einzelnen als Rollenträger, sondern um die Fundierung für alle am Konstitutionsprozeß Beteiligten. Anders ausgedrückt: Die Emergenz transpersonaler Strukturen aus Interaktionen und Konventionen von Individuen ist nur möglich, wenn ihnen der Charakter der Vorläufigkeit und des Beliebigen durch Begründung genommen wird. Darin konstituieren sich die fundierenden Elemente der Religion. Die gesellschaftlichen Selektionen (Luhmann) werden durch transzendentale Begründung in dem zugleich entworfenen »heiligen Kosmos« mit Sinn erfüllt und dadurch auf Dauer gestellt. Die handlungsrelevante Fundierung haben wir bereits durch die Isolierung sozial-kompensatorischer (im Sinne der Retrospektive: ein göttlicher Wille fordert ein bestimmtes Handeln) und normativer Elemente (im Sinne gegenseitiger Erwartungssicherheit) erfaßt. Die kognitive Fundierung erfolgt, indem die Sinnhaftigkeit und Notwendigkeit (diese Notwendigkeit kann auch im Interesse einer herrschenden Klasse bestehen, an der Macht zu bleiben!) von im Stadium der Emergenz befindlichen transpersonalen Handlungsstrukturen als absolutes, also nicht mehr hinterfragbares Konzept gefaßt wird. Erst durch Absolutsetzung eines Bereiches jenseits gesellschaftlichen Handelns wird dieses als transpersonales, d. h. überindividuell dauerndes, möglich.

b) Transpersonale Handlungsstrukturen sind nun selbst nicht absolut, sondern relativ, d. h. an ihre Bestandsvoraussetzungen gebunden und mit diesen wandelbar, insbesondere deshalb, weil eine wesentliche Bestandsvoraussetzung, der »Stoffwechsel mit der Natur« (Marx), ein gesellschaftlicher Prozeß und damit gesellschaftlicher Entwicklung zugänglich ist. Die Fundierung im Absoluten kann daher nicht durch Absolutsetzung der jeweils fundierten Strukturen erfolgen, sondern muß den Wandel dieser Strukturen ebenfalls legitimieren können. Darin konstituieren sich die *negierenden Elemente* der Religion. Indem der Begründungshorizont transpersonaler Strukturen thematisiert wird, bleibt dieser verfügbar, und diese Verfügbarkeit des Begründungshorizontes heißt nun, daß die Kontingenz transpersonaler Strukturen nur für Zwecke des alltäglichen Handelns, nicht aber prinzipiell aufgehoben ist. Indem Religion fundiert, negiert sie auch potentiell, da die Kontingenz nach wie vor präsent ist und bei Änderung von Bestandsvoraussetzungen (z. B. Entfaltung der Produktivkräfte) aktualisiert wird. Prägnantesten Ausdruck finden die negierenden Elemente im Christentum, das als absolute Prinzipien menschlichen Handelns und der entsprechenden Strukturen Gleichheit und Brüderlichkeit konzipiert und so die Möglichkeit bietet, transpersonale Strukturen auf die Verwirklichungsmöglichkeiten dieser Prinzipien abzufragen und damit zu negieren (metainstitutionelle Kompetenz der Religion [Wössner])[30]. In der langen Geschichte des Christentums traten, wie wir bei der Religionstheorie von Marx notierten, diese negierenden Elemente immer wieder als Motivation revolutionärer Praxis zutage[31].

c) Das Problem der »Welterrichtung« (Berger) konstituierte die fundierenden Elemente der Religion. Ebenso wie aus dem Fundierungsaspekt aufgrund der zwar symbolisch verschlüsselten, aber stets präsenten Kontingenz die negierenden Aspekte, zumindest potentiell, latent der Religion innewohnen, konstituieren sich im Problem der Welterhaltung an eben demselben Fundierungszusammenhang die *legitimierenden Elemente* der Religion. Denn ein dauerndes Infragestellen der jeweiligen transpersonalen Strukturen durch alle Gesellschaftsmitglieder würde diese ebenso vom Zerfall bedrohen und in ihrer Entlastungsfunktion außer Kraft setzen wie das Fehlen der Möglichkeit zu einer negierenden und damit Wandel ermöglichenden Reflexion. Durch Legitimation werden bereits errichtete Strukturen in ihrer Gültigkeit bestätigt. Besonders *die* Strukturen bedürfen der Legitimation, die im besonderen der Infragestellung durch die betroffenen Individuen ausgesetzt sind, d. h. Strukturen des »Überbaues«, und hier wieder besonders die Herrschafts- und Machtstruktur. Die Legitimation kann nun spezifisch (etwa durch die Konzeption eines Gottkönigs oder durch Etablierung des Religionssystems als Herrschaftssystem [Priesterherrschaft]) oder generalisiert sein. Mit zunehmender Differenzierung der transpersonalen Strukturen und dem Übergang von der »Naturwüchsigkeit« der Institutionen zu einer Reflexion im Sinne instrumentaler Rationalität (vgl. Weber!) erfolgt die Legitimation durch generalisierte Konzepte in einer vermittelten Form.

d) Den transpersonalen Strukturen kann jedoch kein ganzheitlicher Charakter unterstellt werden. Zu heterogen ist ihre Entstehung und zu verschieden sind die Bereiche menschlicher Aktivität, auf die sie sich beziehen. Damit ist aber die Abstimmung und Koordinierung dieser transpersonalen Strukturen für Zwecke alltäglichen Handelns problematisch, insofern die Fragen der situationalen Gültigkeit und Priorität zu beantworten sind. Dieses Problem verschärft sich mit zunehmender institutioneller Differenzierung. Darin konstituieren sich nun die *sozial-integrativen Elemente* der Religion. Sie stellen jenen ganzheitlichen Rahmen zur Einordnung und Abstimmung der verschiedenen transpersonalen Handlungsmuster bei, der diesen prinzipiell fehlt. Ein Beispiel wäre etwa der achtgliedrige Pfad des Buddhismus – ein Ordnungsschema der sozialen Wirklichkeit mit dem Ziel, das Nirwana zu erreichen.[32]

e) Die überindividuelle Dauer und Gültigkeit von transpersonalen Handlungsstrukturen läßt deren Kontinuität immer wieder fraglich erscheinen. Für die je aktuell in diesen Strukturen interagierenden Individuen ist deren Vergangenheit und Zukunft stets ungewiß, das Dilemma der Zeitlichkeit besteht auch auf transpersonaler Ebene: die »innere Dauer« (Schütz), die sich auf personaler Ebene durch reflexive Zuwendung zum kontinuierlichen Erlebnisstrom konstituiert und so Präsenz der Vergangenheit und Antizipation der Zukunft ermöglicht, konstituiert sich für transpersonale Strukturen eben nicht mehr unmittelbar im personalen Erleben. Diesem steht nur ein relativ kurzer Ausschnitt in der Dauer dieser Strukturen zur Verfügung. Im Sinne der Erwartungssicherheit und der Erfüllung der Normen ergibt sich für transpersonale Strukturen daher das Problem der Garantie ihrer Dauer. Darin konstituieren sich die *kontinuierenden Elemente* der Religion, sie garantieren die Kontinuität der transpersonalen Strukturen trotz stets wechselnder Individuen als Gesellschaftsmitglieder. Diese Kontinuitätsgarantie erfolgt durch die Konzipierung eines Ursprungs der Welt und der gesellschaftlichen Strukturen (göttliche Mächte als Schöpfer und Gestalter der Welt und des Menschen) und der konsistenten Ableitung des je aktuellen Zustandes der sozialen Wirklichkeit durch die Zeit. Dafür gibt es viele Beispiele: *Schöpfungsmythen* gibt es in fast allen Kulturen, *Ahnenkulte* symbolisieren ebenso den Aspekt der Kontinuität der sozialen Wirklichkeit (allerdings in extrem subjektivierter Form) wie das christliche Konzept eines Gottes, ohne dessen Willen kein Sperling vom Dach fällt, der also letztlich Vergangenheit, Gegenwart und Zukunft prädestiniert. In der jüdisch-christlich-islamischen Tradition wird die Kontinuität der transpersonalen Strukturen auch projektiv garantiert: durch Konzeption einer paradiesischen Endzeit, eines Jüngsten Gerichtes und des Königreiches Gottes auf Erden, worauf der Gang der Geschichte zielt.

3. *Schlußbemerkung*

Damit ist nun die inhaltliche Konstitution religiöser Phänomene als Symbolisierung der Kontingenz und Inkonsistenzen der sozialen Wirklichkeit angedeutet. Der Versuch zur Abstraktion kontingenter Sachverhalte ergab Problembereiche, die die alltägliche »Gewißheit« der Lebenswelt überschreiten und konstitutive Elemente für Religion darstellen. Diese Elemente sind jedoch nicht mit Religion schlechthin gleichzusetzen, denn sonst würde unsere Konstitutionsanalyse zur selben Konsequenz wie bei Luckmann führen, nämlich alles sozial objektivierte Wissen, insoferne es die kontingenten Voraussetzungen in der biologischen Natur des Menschen überschreitet, als Religion zu bezeichnen. Erst die explizite, außeralltägliche Formulierung (»Sakralisierung« [Berger]) und eine kohärente Syntax für die konstitutiven Elemente ergeben Religion als ausformuliertes Sinnsystem. Die religiösen Symbole hängen jedoch in ihrer konkreten Gestalt, ihrer je kulturspezifischen und historischen Fassung durch Prozesse der Genese und Wandlung von den Gesellschaftsmitgliedern als den Interpretanten ihrer Lebenswelt ab. So hat sich gezeigt, daß nur die Verbindung von syntaktischen und semantischen Überlegungen eine adäquate Konstitutionsanalyse der Religion als einer Form objektivierten Sinnes hinter dem alltäglichen Wissen einer Kultur ermöglicht.

Volker Drehsen / Horst Jürgen Helle

Religiosität und Bewußtsein

Ansätze zu einer wissenssoziologischen Typologie von Sinnsystemen

1.

Die gesellschaftlichen Reserven an Religiosität vornehmlich mit den theoretischen Denkfiguren und methodischen Instrumentarien der Wissenssoziologie zutage zu fördern, stellt nach wie vor in der heutigen religionssoziologischen Forschungspraxis ein Programm dar, das der Erklärung bedarf[1]. Weder die Grundannahmen eines solchen Ansatzes noch seine Voraussetzungen verstehen sich von selbst und sind in ihrer Reichweite noch kaum austaxiert. Im Mittelpunkt der Wissenssoziologie steht das Zurechnungsverfahren von Bewußtseinsinhalten, Vorstellungen über Wirklichkeit, mithin Wissen einerseits und sozialen Strukturen und Prozessen andererseits[2]. Ob und wie sich solche Zusammenhänge gerade im Hinblick auf die Religion einer Gesellschaft aufweisen lassen können, ist weithin problematisch und umstritten.
Läßt man lediglich kirchlich ausgeprägte Bewußtseinskonstrukte, also etwa Dogmenformulare, Handlungsmuster, Verhaltensanweisungen oder Weltanschauungstypen, gleichsam als Kristallisationen religiösen Wissens gelten, sieht man sich Religion mithin in Kirchlichkeit erschöpfen[3], so läßt sich das Ausmaß von Religiosität in einer Gesellschaft relativ leicht umgrenzen: Religiös ist, wer diesen sozusagen institutionell-objektiv und abschließend vorformulierten Bewußtseinskonstrukten in sozialer Attitüde und Verhaltensmodus subjektiv entspricht. Zugespitzt gesagt: An Kirchgangsgewohnheiten und verbalen Zustimmungsakten läßt sich Religiosität erkennen; als religiös gilt die Zahl der »Kirchentreuen«[4], der auf anderer Seite das Gros der vermeintlich Entkirchlichten gegenübersteht. Die so in den Mittelpunkt der soziologischen Religionsbetrachtung beförderte »Kirchentreue« läßt sich dann ohne weiteres als eine Art soziales Syndrom betrachten, wenn erst einmal festgestellt ist, daß es sich hierbei um einen – gesamtgesellschaftlich gesehen – milieuverengten Restbestand handelt, gleichsam nur um ein Torso der sozialen Schichtstruktur, etwa: in ihrer beruflichen

Existenz bedrohte Bauern und Kleinbürger, an Traditionswerten orientierte und von vermeintlichem Statusverlust in Mitleidenschaft gezogene Beamte der Mittelschicht, (noch) nicht oder nicht mehr in den Arbeitsprozeß eingegliederte Frauen und Kinder, ältere Menschen und Sozialhilfeempfänger[5], die allesamt gewissermaßen durch die Entwicklung der vergangenen Jahrzehnte an den Rand der Gesellschaft gespült wurden und in expliziter Religiosität so etwas wie den letzten Strohhalm gefunden haben.

Die Religion selbst, die einst als kirchlich verwaltetes Sinngefüge durchaus noch einheitlich, selbstverständlich, umspannend und nicht ernsthaft bestritten in die Gesamtgesellschaft verwoben war, ist nach dieser Ansicht im Laufe der Zeit ihrer Universalkraft verlustig gegangen, auf den zahlen- und bedeutungsmäßig kleinen Kern noch verbliebener Kirchentreuer zusammengeschrumpft und nunmehr in einem gesonderten Gesellschaftssediment namens Kirche abgelagert, der nur noch bei denjenigen Bedeutung zukommt, die sich ausdrücklich oder mehr unterschwellig zu ihr rechnen. Jedenfalls erscheint Religiosität in dieser Perspektive als etwas gegenüber dem gesellschaftlichen Allgemeinbewußtsein Apartgesetztes: ein Endzustand allemal, der sich in nahezu pathogenetischer Lust als fortschreitende Säkularisierung oder allmähliche Entkirchlichung ebenso enthusiastisch begrüßen wie auch kulturpessimistisch beklagen läßt[6]. Das hat freilich zur Folge, daß Religiosität als gesamtgesellschaftliches Allgemeingut kaum mehr in den Blick kommt, sondern nur noch als begrenztes Sondergut solcher Gruppen am Rande einer Gesellschaft, die den Anschluß an eine wie auch immer bestimmbare Modernität verloren haben. Eine derartige Blickverengung mußte geradezu das Interesse heraufbeschwören, Religiosität gewissermaßen mit wissenschaftlichem Objektivitätsanspruch gleichsam als Ideologie jener zu denunzieren, für die Kirche nur so etwas wie eine Ersatzgesellschaft darstellt: ein Kompensationsfeld, auf dem bestimmte Gruppen die Linderung für den Schmerz erfahren, den ihnen andernorts die Gesellschaft zugefügt und sie damit in ein Randdasein abgedrängt hat.

In dieser Sichtweise liegt in der Tat der Quellort der vielfach variiert präsentierten Projektions-, Kompensations- und auch Integrationsthesen, mit denen sich religionskritische Entwürfe unterschiedlichster Provenienz immer wieder – nicht selten auch einseitig – verbunden haben[7]. Das teilweise nur begrenzte Recht solcher pointiert religions*kritischen* Entwürfe soll hier nicht weiter diskutiert noch bestritten werden. Ohne die Durchschlagskraft irgendwelcher ideologiekritischen Religionstheorien entschärfen zu wollen, reicht es für unseren Zusammenhang aus, auf die Grenzen und

Folgen eines derartigen Ansatzes hinzuweisen, der sich der Religion als Thema in nur einer von vielen Weisen der Wissenssoziologie bemächtigt: nämlich in der Weise der Ideologiekritik. Deren vorherrschendes Bestreben war es seit jeher, Religiosität ins Licht eines institutionell-herrschaftlich verzerrten und mit unterschiedlichen gesellschaftlichen Interessen durchsetzten Gedankengebildes zu rücken. Schon seit den aufklärerischen Anfängen einer sozialkritischen Durchleuchtung von Religion steht das Interesse im Vordergrund, mit den defizienten sozialen Entstehungsgründen von Religiosität zugleich auch die grundsätzliche Defizienz einer Gesellschaft selbst zu entlarven. Man ging dabei von der Annahme aus, daß Religion nicht viel mehr darstellen könne als die luxuriöse Ausdrucksform einer noch nicht völlig zu ihrem Selbstbewußtsein gelangten Gesellschaft[8]. Dadurch aber, daß eine derartige Kritik Religion grundsätzlich der ideologieträchtigen, also gleichsam pathologischen Seite einer Gesellschaft zuschlug, gingen die grundlegenden sozialkonstitutiven Elemente der Religiosität überhaupt aus dem Blick verloren. Das religiöse Phänomen in einer Gesellschaft ließ sich unter diesen Bedingungen nicht mehr umfassend und elementar erklären. Aus dem Horizont verschwand etwa die Frage, ob denn eine »Gesellschaft ohne Religion« überhaupt denkbar[9] oder ob nicht vielmehr Religiosität universal in jenem menschlichen Handeln zentral verankert sei, das sich aus dem Bewußtsein übergreifender Sinnzusammenhänge leiten und somit überhaupt erst so etwas wie das Gesellschaftliche entstehen läßt[10]. Kann man also aus sozialem Handeln schlechthin so etwas wie einen »religiösen Faktor« (G. Lenski) herausdestillieren, der in diesem Handeln selbst notwendig virulent und nicht gleichsam als verzichtbares oder auswechselbares Superadditum hinzutritt? Religion also als ureigenes Erfordernis solchen menschlich-sozialen Handelns, das Gesellschaft elementar erst konstituiert? Oder: Religion »als Kernstück des Bewußtseins von Gesellschaft« (T. Rendtorff)?

2.

Ließen sich diese Fragen plausibel bejahen, so bedeutete dies, daß Religiosität im Rang eines anthropologischen Grundphänomens zu sehen ist: als ein Faktor gewissermaßen, der sich als etwas für den Menschen Unverzichtbares aus dem Gefüge von Natur, Geschichte und Gesellschaft herausschälen läßt. Und der zentrale Sitz der Religion im menschlichen Leben wäre dann weniger die Ebene deformiert-verzerrter Ideologie als vielmehr das Weltbewußtsein des homo socialis schlechthin; elementarer Umgang des Menschen mit gesellschaftlicher Welterfahrung[11].

In der Tat wird hier dieser sozusagen im Dunstkreis der Schützschen Phänomenologie, bereits durch Max Webers Theorie der Kulturwissenschaft und Grundlegung der verstehenden Soziologie vorformulierte, in jüngster Zeit besonders von Peter L. Berger und Thomas Luckmann pointiert auf Formeln gebrachte These als akzeptabler theoretischer Bezugsrahmen vorausgesetzt[12]. Ausgangspunkt ist die nicht zuletzt auch von Arnold Gehlen und Helmuth Plessner nachhaltig vertretene und von der Anthropologie durchweg akzeptierte These von der menschlichen Extrapositionalität[13]: Der Mensch kommt als biologisch unfertiges Wesen zur Welt, unspezialisiert, weltoffen, seiner Konstitution nach labil und ohne die sichere Instinktapparatur des Tieres. Lebensstabilität ist ihm keineswegs von vornherein in die Wiege mitgegeben, sondern der Mensch muß sich die Welt erst schaffen, die ihn hernach am Leben erhält. Dazu bedient er sich der Technik, Wirtschaft, Gesellschaft und Kultur. Deren Institutionen stellen gleichsam die »objektive« Welt dar, die hervorzubringen der Mensch von Natur aus gezwungen ist, um seine Umwelt kontrollieren und beherrschen zu können, die ihm Sicherheit in Orientierung und Verhalten verbürgt und ihm gewissermaßen auch als äußeres Stützkorsett seines Weltverhaltens dient. Erst in den von ihm geschaffenen Weltmustern findet der Mensch Handlungsorientierung, weil in ihnen heterogen erfahrene Wirklichkeit, genauer: die ursprüngliche »Erfahrung von der Irrationalität der Welt« und des Lebens (M.Weber) in solche überschau- und kontrollierbare Kulturformen gegossen wird, die insgesamt sinnvoll definierte Wirklichkeit und auch sinnvolles Handeln ermöglichen. Kultur ist danach also diejenige Tätigkeit des Menschen, die das Unbestimmte des genuinen Welterlebens in die Bestimmtheit distinkter Weltansichten überführt, dergemäß der Mensch handelnd tätig werden kann und die ihm etwaige Resignation, Apathie oder Ohnmacht verwehrt. Die Konstitution handlungsleitender Weltanschauungsmuster geschieht aber nicht durch jeweils isolierte Leistungen des Individuums, sondern ist ein gesellschaftlicher Vorgang: Er vollzieht sich als kollektiv-gemeinsamer »sinnhafter Aufbau der Welt« (A. Schütz), als »soziale Konstruktion der Wirklichkeit« (P. L. Berger/T. Luckmann). Dieses Axiom erscheint vor allem auch darum gerechtfertigt, weil in ihm die Bedingungen der Handlungsfreiheit angemessen thematisiert werden, die dem Menschen aufgrund seines Vermögens, Bewußtsein und Einsicht zu haben, zukommt. Der handlungstheoretische Ansatz deutet den Menschen als ein freies Wesen, das in potentieller Abwesenheit äußerer Zwänge sein Handeln als Entsprechung seines Bewußtseins in Freiheit gestaltet. Wir nehmen damit ausdrücklich Bezug auf das nach William Isaac Thomas so genannte Thomas-Theorem, demgemäß die Menschen erst handeln können, wenn sie einer Situation durch einen definitorischen Akt einen sozial verständlichen Sinn gegeben haben[14].

3.

Andererseits ist gerade dieses vorausgesetzte Freiheitspostulat von Ambivalenzen nicht unbetrübt. Weder durch die eingespielten Umgangsformen des Menschen mit seiner natürlichen Umwelt noch mit den von ihm sozial geschaffenen Ordnungsgebilden ist die Bestimmtheit seines Handelns und Verhaltens bereits garantiert. Es sind vielmehr hauptsächlich zwei Umstände, die dem entgegenstehen:

(1) Zunächst ist es die Erfahrung der *Abhängigkeit und Insuffizienz,* die in mancherlei Gestalt und vielerlei Hinsicht auch in einer bereits etablierten und relativ »fortgeschrittenen« Gesellschaft für den Menschen nach wie vor bestehen: An Tod, Leid, Mangel, Verderben und Herrschaftsverzicht tritt die Dependenzerfahrung nicht nur immer wieder jeweils konkret und unmittelbar für den einzelnen auf, sondern bringt auch stets die Defizienz des Menschen als solche für alle zu Bewußtsein. Als bedürftiges Mangelwesen bleibt der Mensch in diejenigen Institutionen von Naturbeherrschung, Interaktion und zwischenmenschlicher Kommunikation eingebunden, die ursprünglich doch seiner freien Umweltkontrolle dienen sollten. Jede Gesellschaft lebt so in der Spannung zwischen dem Willen zur Umweltbeherrschung einerseits und den daraus notwendig werdenden Mittelrestriktionen andererseits. Die Erfahrung der Mittelknappheit wird zwar jeweils individuell gemacht; gleichwohl ist sie die Erfahrung aller in einer Gesellschaft, so daß es nicht verwundert, wenn die Priorität von Gruppenzielen gegenüber individuellen Neigungen, Wünschen und Ängsten auch einen allgemeingesellschaftlich akzeptierten Ausdruck bekommt. So finden sich also überall Interpretationsgebilde, welche die Antinomie von Abhängigkeit und Freiheit, den Widerspruch zwischen Herrschaft und Gehorsam, den Dualismus von Kollektivwillen und Egoismus, die Inkonsistenz zwischen Leben und Tod sowie die

diskrepanten Spannungslagen zwischen Bedürfniserfüllung und allgemeinem Verzicht in einer jeden Gesellschaft deuten und damit auf ein erträgliches Maß reduzieren sollen. Abhängigkeit aber, die als jeweils individuell erlebte gleichwohl den Erfahrungshorizont aller bildet, ist das zentrale Thema einer jeden Religion: »Das religiöse Bedürfnis ist die Bedürftigkeit des Menschen (schlechthin), es liegt . . . in der Tatsache, daß er überhaupt bedürftig ist.«[15] Dabei spielt es überhaupt keine Rolle, auf welcher Stufe der Bedürfnishierarchie sich diese Dependenzerfahrung breitmacht; sei es nun auf der primären Ebene der planmäßigen Naturbeherrschung durch Technik und Wirtschaft oder der bewußten Gestaltung seelischer Vorgänge und zwischenmenschlicher Beziehungen durch die Gesellschaft; sei es in der sekundären Ebene sublimerer und »höherer« Bedürfnisse, in der sich Kunst und Spiel, Wissenschaft und Kultur finden. Die Erfahrung von Abhängigkeit, Defizienz und Unzulänglichkeit wird auf jeder dieser Stufen – und zwar *allgemein* – gemacht. Und es ist die Funktionsweise einer jeden Religion, die widersprüchliche Welt derart einer plausiblen Deutung zugänglich zu machen, daß dem Menschen gleichwohl darin sinnvoll zu leben möglich wird. Im Zwang zur Bewältigung dieser grundlegenden Aufgabe liegt überhaupt die Bedingung der Möglichkeit von Religion – auch in einer »entwickelten« Gesellschaft. Religiöses Bewußtsein garantiert somit, daß die subjektive Diskrepanzerfahrung des Menschen in die gleichsam objektive Totalerfahrung der Gesellschaft übergeht, in der minimale Verzichtsleistungen des einzelnen als Notwendigkeit für das Ganze anerkannt werden.

(2) Hinzu kommt ein zweiter Umstand, der die allgemeine Konsistenz sozialen Handelns in einer Gesellschaft für ihre Glieder verhindert oder zumindest erschwert: die jeweilige *Komplexitätserfahrung*[16]. Gesellschaft wird heute keineswegs als ein in sich homogenes oder auch nur überschaubares Kontinuum erlebt. Aus einem ehemals die Gesamtgesellschaft umspannenden weitgehend religiösen Sinngefüge hat sich eine in sich mannigfaltige Pluralität unterschiedlichster Weltdeutungsmuster herausdifferenziert, die teils noch miteinander konkurrieren, teils aber auch schon in relativ verselbständigten, spezialisierten und gewissermaßen eigendynamischen Teilbereichen mehr oder weniger beziehungslos nebeneinander stehen[17].

Aufgefächert in eine Vielzahl institutioneller Teilkomplexe wie Wirtschaft, Politik, Wissenschaft oder Kultur, die allesamt auch ihrerseits noch dem Trend zu weiterer Differenzierung ausgesetzt sind, stellt sich die Gesamtheit der Sinndeutungsmuster eher als eine Art Assortiment dar: als ein »reichhaltiges Warenlager« (T. Luckmann), aus dessen unterschiedlichen Angeboten solche Sinnkombinationen jeweils individuell zusammengestellt werden müssen, die für die Gesamtdaseinsführung einer Person an Relevanz gewinnen können. Dabei nehmen aber die jeweils gewählten Handlungsorientierungen den Charakter einer gewissen Beliebigkeit an: Man kann sich zu dieser oder jener Weltanschauung bekennen; und jede Handlungsrichtung kann in den Grenzen bestimmter Rahmenbedingungen so oder auch anders festgelegt werden.

Angesichts dieser Situation fällt nun der Religion eine weitere zentrale Funktion zu: In der Vielfalt möglicher Wertentscheidungen hat sie die Beliebigkeit zugunsten *bestimmter* Handlungspräferenzen außer Kraft zu setzen. Dies leistet sie gewissermaßen in zwei Schritten: Zunächst wählt sie die als ethisch wertvoller angesehene Handlungsmöglichkeit aus, versieht sie mit Verpflichtungscharakter und legitimiert sie als solche. Mit anderen Worten: Die Religion bringt die Vielzahl einzelner Werte in eine hierarchische Ordnung, schreibt Handlungsprioritäten fest und steckt die Grenzen ab, innerhalb deren ein grundlegender Wert auf Kosten eines anderen, nicht weniger zentralen Wertes verwirklicht werden darf. Diese Leistung kann sie jedoch nur erfüllen, wenn sie auch die in verschiedenen Gesellschaftssegmenten voneinander abgeschotteten Teildeutungssysteme – etwa die Ideologien in den Bereichen von Wirtschaft oder Politik, Kultur oder Familie – aufeinander bezieht, also gleichsam in einem zweiten Schritt durch Abstraktionsleistungen gerade *das Allgemeine* in den Teilbereichen zur Geltung bringt. Aus den umgrenzten und spezialisierten Erlebnissphären einer Gesellschaft schält sie also die Gemeinsamkeiten heraus, die – auf allgemeine Begriffe gebracht – in strukturell ähnlicher Weise den Erfahrungshorizont aller ausmachen, obwohl die jeweiligen Einzelerfahrungen in unterschiedlichen Bereichen angesiedelt sind[18]. Wenn etwa die Theologie feststellt, daß die industrielle Arbeitstrennung in Planung, Ausführung und Kontrolle dem religiösen Postulat der Ganzheit des Menschen zuwiderläuft, dann ist ein solches Urteil nichts anderes als der Versuch, mit Hilfe von Verallgemeinerungen (»das Menschenbild der Wirtschaft«) dasjenige Leben ethisch in den Griff zu bekommen, das ansonsten hinter den Mauern von Fabrikgeländen nach den nicht unbedingt immer ethischen Eigengesetzlichkeiten der Wirtschaft zu verlaufen droht und die Herausbildung eines gleichsam von allen anderen Lebensbezügen amputierten homo oeconomicus fördert.

Fassen wir zusammen: Religiosität ist diejenige gesellschaftliche

Kraft, welche die allgemein problematische Erfahrung von Abhängigkeit, Komplexität und Diskrepanz auf die möglichen Lösungen von Freiheit, Beständigkeit und Partizipation hin sinnvoll und plausibel, wenngleich in vielfältiger Weise auslegt. Ihr fällt eine strategische Rolle überall dort zu, wo der Vorgang bewußtseinsmäßiger Welterrichtung und -erhaltung stattfindet. Sie nimmt ihren Platz an der Nahtstelle von Welterfahrung und Weltgewißheit ein, indem sie die allgemein als widerspruchsvoll erlebte Welt einer in sich konsistenten Erklärung für den einzelnen zugänglich macht und ihm damit erst soziales Handeln ermöglicht. Religiosität ist also die Bewußtseinsform desjenigen Menschen schlechthin, der sich zur Welt, zum Mitmenschen, zu sich selbst und zur Geschichte in Beziehung setzt. Die Grundformen des Weltverhältnisses werden gerade als religiöse geboren.

4.

An diesem Punkte stellt sich nun die Frage, in welcher Weise von einzelnen oder Gruppen die Inkonsistenzen in einer Gesellschaft erfahren und zu stimmigen Bewußtseinskonstrukten verarbeitet werden: Auf welcher Ebene und in welchem Modus findet diejenige Problemerfahrung jeweils statt, die religiöse Lösungsversuche herausfordern? Wir gehen dabei von der Annahme aus, daß aufgrund verschiedener Erfahrungsmodi in unterschiedlichen Realitätsebenen jeweils distinkte Wirklichkeitsbilder konstruiert werden, die in religiös begründeten und artikulierten Bewußtseinskonstrukten eingefangen sind. Das heißt mit anderen Worten, daß Religiosität als solche nicht von vornherein ein in sich homogenes und die Gesamtdaseinsführung des einzelnen umspannendes Sinnkontinuum garantiert, sondern zunächst nur für einzelne Erfahrungsdimensionen bestimmte Bewußtseinskonstrukte anbietet. Diese bilden sich nicht nur im Verlaufe des individuellen Sozialisations- und Reifungsprozesses erst heraus, sondern wachsen auch allmählich zu einer umfassenden Weltansicht, zu einem übergreifenden Sinndeutungssystem für den einzelnen zusammen. Sozialisation kann unter diesem Gesichtspunkt dann beschrieben werden als ein sukzessiver Prozeß, in dem sich kohärente Sinnverbundsysteme im Bewußtsein einer Person entwickeln. Da dieser Prozeß seine Wurzeln in der Primärsozialisation, also im ursprünglichen Kraftfeld der Familie, hat, wollen wir gleichsam in einem Seitenblick auch der Frage nachgehen, welche Rolle der Familie im

Beziehungsgeflecht von Religiosität und Bewußtsein zukommt. Im folgenden Versuch einer Typologie von Sinnsystemen soll die Entsprechung von Erfahrungsmodus, Erfahrungsebene und religiösem Bewußtseinskonstrukt aufgezeigt werden. Wir gehen dabei von vier verschiedenen Erfahrungsmodi aus, die unterschiedliche Realitätsebenen konstituieren. Selbstverständlich handelt es sich hierbei nicht um gegeneinander abgeschottete, voneinander isolierte Bereiche, sondern sie sind vielfältig ineinander verzahnt und verschlungen. Es geht hier auch eher darum, die Trennschärfe in der Auffächerung der Realitätsebenen und in der Differenzierung der konstruktiven Erfahrungsmodi auszuloten und durch eine wissenssoziologische Typologie einzufangen.

(1) Zunächst gibt es die Ebene höchster Realität, zu der die Alltagserfahrung dem Menschen Zugang gewährt[19]. Sie findet sich im *Mikro-Sozialbereich* des gesellschaftlichen Handelns: Es ist die Ebene der Interaktion mit konkreten Personen im zwischenmenschlichen face-to-face-Beziehungsgeflecht, das Feld der Primärverhältnisse wie Familien, informelle Kleingruppen und peer-groups; der Umgang also mit solchen konkreten Personen, deren Nähe oder Ferne, Zuneigung oder Abneigung im Wege der sinnlichen Wahrnehmung im alltäglichen Miteinander unmittelbar erfahren werden. Diese sozusagen empirische Erfahrungsebene der alltäglichen Selbstverständlichkeiten wird in der Regel durch den Erfahrungsmodus der weitgehend unreflektierten und gleichsam automatischen *Sozialisation* und Erziehung in Familie und Freundeskreis erschlossen. Die Erfahrung des Alltags verfestigt sich in jenem Bewußtseinskonstrukt, das man »civil religion« genannt hat und im Alltagsleben seine richtungsweisende Wirkung zeitigt[20]: eine Kulturreligion, in der sich so etwas wie ein moralisches Gewissen heranbildet, dessen Inhalte in konkrete Handlungs- und Verhaltensentwürfe einfließen. In ihr werden jene Selbstverständlichkeiten gleichsam in Form eines verläßlichen Kompasses vermittelt, die jedem anzeigen, was er zu tun und zu unterlassen hat. Ihre Aufgabe ist es, die religiös-moralisch legitimierte alltägliche Umgangshygiene sozial zu kontrollieren.

Bei der Vermittlung dieser *Alltagsreligiosität* nimmt die Familie eine paradigmatische Schlüsselstellung ein: Die Familie ist nicht nur dasjenige Beziehungsfeld, in dem Alltagswirklichkeit unmittelbar kognitiv, affektiv und normativ erfahren und definiert wird[21], sondern sie ist darüber hinaus zugleich auch der elementare Erfahrungsbereich, auf den jede andere Art von Wirklichkeitsumgang in der einen oder anderen Weise immer wieder regrediert; sie ist also nicht nur Sozialisationsfeld, in dem die Strukturen der Aneignung von Wirklichkeit erlernt werden, sondern gewissermaßen auch eine determinierende Vorstellungsmatrix, nach der jede weitere Wirklichkeitserfahrung inhaltlich vorgeprägt wird: Sie ist das Repräsentationsmodell nahezu jeder Art von Weltbewußtseinskonstrukt.

(2) Das zeigt sich deutlich in der zweiten Ebene der *introspektiven Selbsterfahrung*. Zunächst unterscheidet sich diese zweite Ebene von der erstgenannten dadurch, daß sie sozusagen jenseits und unterhalb des Realitätsbereichs »Primärgruppe« liegt: Das je eigene Innenleben steht im Mittelpunkt der Erfahrung. Und Selbsterfahrung wird auch nicht unmittelbar wie die Alltagserfahrung gemacht, sondern gleichsam gebrochen durch das Prisma psychologischen bzw. psychologisierenden Denkens. Anstelle der normalen weitgehend unreflektierten Alltagsaneignung treten nunmehr spezifisch erlernte, mithin sozial methodisierte Lernvorgänge.

Gleichwohl schwingt in dieser Ebene die Vorstellungsmatrix »Familie« aus dem primären Erfahrungsbereich nach. So hat beispielsweise die Psychoanalyse zutage gefördert, daß bei der Selbsterfahrung eines Menschen familiär eingeübte Verhaltenskonstellationen in eben diesem gleichsam »inneren Dialog mit sich selber« immer wieder entscheidend reproduziert werden, wenn sich etwa das Freudsche »Über-Ich« als introjizierte Vaterfigur plausibel deuten läßt[2].

Die Inkonsistenzerfahrung tritt in diesem Bereich als Problem der Sprunghaftigkeit im Ablauf einer jeweiligen inneren und äußeren Biographie auf; mithin an den Knotenpunkten, welche die Unverbrüchlichkeit einer Lebenslinie mit absehbarer Sicherheit durchkreuzen und damit für einzelne Krisensituationen darstellen: Geburt, Loslösung vom Elternhaus, Eintritt in die Ehe, Berufsstationen und Austritt aus dem Wirtschaftsleben. Jede dieser Nahtstellen bedroht die Möglichkeit einer Person, sich als dieselbe wiederzuerkennen, die sie einmal war oder auch sein wird: Ihre Kontinuitätserfahrung steht durch solche berechenbare Krisensituationen in Frage.

Es fällt dabei besonders den religiösen »rites de passage« die Aufgabe zu, die sprunghaften Übergänge im Leben eines Menschen zu begleiten und deren Krisenhaftigkeit deutend zu bewältigen, indem sie die Zerstückelung der Lebenslinie im Nachhinein als ein rhythmisiertes Kontinuum erscheinen lassen: gleichsam also die Teilstücke einer fraktionierten Biographie durch Sinndeutung zu einer einzigartigen und in sich stimmigen Schicksalsgeschichte einer Person interpretativ zu bündeln[23].

In der je individuell angewandten religiösen Idee des Heils oder der

Erwählung finden beispielsweise die Versuche solcher *personaler Identitätsentwürfe* ihren Ausdruck, in denen die verschiedenen Stadien des äußeren und inneren Werdeganges einer Person ihren übergreifenden Sinn erhalten.

(3) War schon das Terrain der introspektiven Selbsterfahrung nur noch gebrochen für den einzelnen zugänglich, so verflüchtigt sich erst recht die dritte Ebene – der *makrogesellschaftliche Bereich* – aus der Anschaulichkeit des individuellen Erfahrungshorizontes: jene Bewußtseinskonstrukte also im Weberschen Sinne, in denen der je gültige übergreifende Bedeutungszusammenhang von gesamtgesellschaftlichen Vorgängen formuliert ist; in deren Perspektive sich mithin das amorphe Gesellschaftliche, das nicht unmittelbar einsichtig ist, zur distinkten Vorstellung von *der* Gesellschaft kristallisiert. Es sind jene Gesellschaftsbilder, die allgemein eine Chance haben, von einer größeren Anzahl von Individuen oder Gruppen für real gehalten und demnach als Handlungsorientierungen im sozialen Verhalten und in den sozialen Einstellungen zugrunde gelegt zu werden. Erfahrbarkeit ist in diesem makrosozialen Bereich nur noch repräsentativ möglich. Einzelne Personen und bestimmte Symbole oder auch symbolische Akte dienen dazu, komplexe Großgebilde präsent zu setzen und zu halten. Und erst durch diesen *symbolisch-repräsentativen Erfahrungsmodus* wird der Zugang zur makrosozialen Realitätsebene für den einzelnen gewährt; in ihm werden handlungsorientierende Gesellschaftsbilder sozial konstruiert[24]. Auch auf dieser Ebene lassen sich wiederum Verbindungslinien zum Schlüsselbereich der Primärsozialisation verfolgen. Der Begriff der *»Übertragung«* markiert hier den Rückbezug zum familiären Erfahrungsfeld: Die im Mikrobereich der Familie eingeübten Verhaltens- und Einstellungsmodelle werden gleichsam als Vorlagemuster bei der Fabrikation von Gesellschaftsbildern auf die gesamtgesellschaftliche Ebene extrapoliert; und umgekehrt: Makrosozialer Problemlagen versucht der einzelne in der Weise verständnismäßig Herr zu werden, daß er sie nach dem Vorbild mikrosozialer Vorgänge deutet[25]. Die sozusagen für fundamental gehaltenen Prozesse der Alltagserfahrung figurieren so als Orientierungsmodelle in gesellschaftlichen Makrostrukturen. Das geläufigste und zugleich unverblümteste Beispiel dürften wohl solche Gesellschaftsbilder sein, die sich Gesellschaft als Ganze oder in ihren jeweiligen Teilbereichen nach dem Modell einer patriarchalischen Familie vergegenwärtigen und als solche symbolisieren; so kann der politische Führer eines Staates etwa als manifeste Vaterfigur empfunden werden.

Religiöses Bewußtsein spielt bei der Ausgestaltung solcher symbolischen Gesellschaftsbilder eine nicht unbeträchtliche Rolle, indem sie nämlich gesellschaftliche Wirklichkeit im Begriff ihrer höchsten Allgemeinheit repräsentiert. Diesen Zusammenhang hat besonders Georg Simmel herausgearbeitet[26]: Er ging von der Tatsache aus, daß sich der einzelne nur im Ausnahmefall mit der Gesellschaft als Ganzer, die nur noch als metaphorische Globalgröße vorstellbar ist, verbunden weiß. Normalerweise ist er vielmehr durch »gesellschaftliche Kreise«, durch verschiedene Bezugsgruppen, in sie eingebunden, die jeweils recht unterschiedliche, ja konträre, gleichwohl konkrete Verhaltenserwartungen an ihn hegen. Just darin aber liegt die Diskrepanzerfahrung, die der einzelne im makrosozialen Bereich macht: Er hat die Inkonsistenzen und Unvereinbarkeit gleichzeitig an ihn gerichteter und nicht immer in Übereinstimmung zu bringender Rollenerwartungen für sich zu verarbeiten; zwischen verschiedenen, nicht selten gegensätzlichen Anforderungen will vermittelt sein. Dies geschieht in einer grundsätzlichen Weise nicht zuletzt durch religiöse Deutungsmuster: Da es im immanenten menschlichen Dasein keinen einzigen Punkt gibt, der die mannigfaltigen auseinanderstrebenden Kräfte der Gesellschaft auf sich vereinigen könnte, wird nach der Logik der Religion der Schnittpunkt der auf einheitliche Konsistenz zielenden Kräfte ins Jenseits verlegt. Gott wird damit gleichsam zur Formel für den »transzendenten Ort der Gruppenkräfte«, zum »Namen für die soziologische Einheit« einer Gesellschaft, was natürlich auch für die ideologische Sinnausdeutung ihrer Teilbereiche Konsequenzen hat. Das religiöse Deutungssystem hält also die Allgemeinheit einer Gesellschaft gegen allen Anschein präsent, schafft damit aber zugleich auch die Möglichkeit für den einzelnen, sich vom Totalitätsanspruch sozialer Wirklichkeit oder deren Segmentbereiche zu distanzieren. Denn die konkret erfahrene Gesellschaftswirklichkeit fällt immer hinter den Zustand zurück, der in ihrem *repräsentativsymbolischen Allgemeinbegriff* ausgedrückt ist[27]. Damit relativiert sich auch deren Verpflichtungscharakter, und es wird Raum für die Entfaltung persönlicher Individualität in einer Gesellschaft freigesetzt.

(4) Die gewissermaßen ungriffigste Ebene, in der der Mensch die Welt erlebt, ist der Erfahrungsbereich von Geschichte und Zukunft, die *Dimension des Kontinuitätsbewußtseins* über die Grenzen der je individuell erlebten Existenz hinweg, also jene Welterfahrung, die sich an den Leitfragen orientiert: »Wo komme ich her? Wo gehe ich hin?«. Und dies sind keineswegs bloß »metaphysische« Probleme; sie stellen sich vielmehr als höchst akute Fragen beim Erlebnis des eigenen oder fremden Todes. Denn an jedem

Tod wird exemplarisch deutlich, daß dem einzelnen eine beständige und unmittelbare Partizipation an jener gesamten Fülle verweigert wird, die vergangene, gegenwärtige und künftige Gesellschaftswirklichkeit aufzuweisen vermag. »Wirklichkeit« ist auch in ihrer zeitlichen wie räumlichen Ausdehnung für den Menschen zunächst ein entferntes, unübersichtliches Gemenge aus einer Vielzahl verschlungener Kausalfäden und einer Mannigfaltigkeit unterschiedlichster Wertverwirklichungen und entzieht sich ihrer Komplexität wegen jeden Versuchs einer Gesamterklärung. Struktur gewinnt sie überhaupt erst dadurch, daß sie in das Bewußtsein des Menschen eingeht. Auch geschichtliche Wirklichkeit ist nicht als solche *gegeben,* sondern wird vom Menschen durch Auswahl, Abstraktion, Gewichtung und Konstruktion *geschaffen*[28]. Diejenige Leistung des Bewußtseins aber, die Sinneinsicht über die raum-zeitlichen Grenzen des Einzeldaseins hinaus vermittelt, ist sein *Transzendierungsvermögen,* das dem Menschen gestattet, in sein Bewußtsein Inhalte sinnvoll einzubeziehen, die den Bereich des im diesseitigen Hier und Jetzt Erfahrbaren überschreiten. Aufgrund seines Transzendierungsvermögens kann der Mensch einsehen, warum etwa dieses oder jenes schon früher so oder anders geglaubt, gedacht und gemacht wurde; er kann abschätzen, welche Folgen die augenblickliche Tat künftig haben wird, und was andere – auch Abwesende – von ihm erwarten. Er kann Gegenwart hinter sich lassen, kann sich in die Zukunft und Vergangenheit hineinversetzen und auch das Rollenspiel mit anderen – lebenden oder toten – Menschen nachvollziehen[29].

Auch dieses Transzendierungsvermögen wird durch Religiosität begründet, was sich wiederum am Fall des Todes exemplarisch verdeutlichen läßt. Durch die rituelle Verkörperung der Todeserfahrung und durch die kultische Bekräftigung ihrer Negation – etwa im Glauben an Auferstehung und Unsterblichkeit – werden zwischenmenschliche Beziehungen über den faktischen Verlust eines Partners hinaus sichergestellt; das religiöse Sinnsystem ermöglicht über seinen Tod hinweg auf verschiedene Weise Kommunikation und Interaktion mit dem Verstorbenen, weil es ihn im Bereich des Heiligen aufbewahrt weiß. Religiosität ist danach derjenige Modus des Bewußtseins, in dem das Heilige als Überzeitliches, Übersinnliches, Überempirisches, als schlechthin Transzendentes definiert und erfahren wird[30].

Doch wird diese Erfahrung nicht nur gleichsam am Rande eines Grabes gemacht, sondern überall dort, wo es die Grenzen der Gegenwart zu überschreiten gilt: also auch im Umgang des einzelnen mit der über sein Dasein hinausreichenden Geschichte und

Zukunft. Nicht nur der Tod, sondern auch Geschichte und Zukunft schlechthin stellen unbestritten Themata *religiöser* Provenienz dar, so daß man allgemein sagen kann: Im religiösen Bewußtsein drückt sich ebenso die ungebrochene Kontinuität einer Gesellschaft aus, in die ihre einzelnen Glieder eingefügt sind, wie auch die Religion darüber hinaus durch Traditionsbildung und Zukunftsdeutung im allgemeinen Sinne die Möglichkeit für den einzelnen begründet, sein ephemeres Dasein über die räumlichen, zeitlichen und energetischen Grenzen hinweg in einen sinnvollen Totalkosmos einfließen zu lassen. So erklären beispielsweise die religiösen Denkfiguren von Kosmologie und Eschatologie nicht nur die mögliche Anteilnahme des Menschen am Heiligen, das im profanen Diesseits nicht aufgeht, sondern zugleich auch sein Partizipationsvermögen am Weltganzen, das sich seinerseits nicht im begrenzten individuellen Welterleben erschöpft. So erfüllt sich religiöses Bewußtsein in einer Gesellschaft durch seinen transzendierenden Erfahrungsmodus als Sachwalter des *menschlichen Teilhabepostulates* im Gegenüber zur kontinuierlichen und konsistenten Weltwirklichkeit schlechthin.

Rainer Döbert

Sinnstiftung ohne Sinnsysteme?

Die Verschiebung des Reflexionsniveaus im Übergang von der Früh- zur Spätadoleszenz und einige Mechanismen, die vor möglichen Folgen schützen

1. Zum Sinnbegriff

Sinnstiftung ohne Sinnsysteme ist natürlich für einen Wissens- oder Religionssoziologen ein undankbares Thema, das seinen normalen professionellen Interessen zutiefst widerspricht. Denn jenseits aller Differenzen zwischen einzelnen Schultraditionen gibt es doch einen relativ umfassenden Konsensus zwischen den einzelnen Wissens- und Religionssoziologen: Die Wissenssoziologie hat es mit Problemen zu tun, die sich aus der fundamentalen Verfassung der menschlichen Gattung als solcher ergeben. Durch ›Instinktreduktion‹ ist der Mensch in eine ›offene‹ Welt ›geworfen‹, in der ›Überkomplexität‹ dadurch ›reduziert‹ werden muß, »daß das unmittelbar gegebene, evidente Erleben durchsetzt (wird) mit Verweisungen auf andere Möglichkeiten und mit reflexiven und generalisierenden Negationspotentialen, (wodurch es) für riskante Selektivität ausgerüstet« wird[1]. In diesem Prozeß werden ›Tiefenstrukturen‹ von ›ausformulierten Sinnsystemen‹ erzeugt, die den Menschen als vergesellschaftetes Wesen überhaupt erst ›konstituieren‹; bedeutungsschwere Worte, die nur auszugsweise für das Vokabular der Wissenssoziologie stehen. Sie scheinen ihrem Gegenstandsbereich durchaus angemessen zu sein, da ja letztlich der Sinn der menschlichen Existenz auf dem Spiele stehen soll, der anscheinend nur durch die Verarbeitung von mannigfaltigen Kontingenzen, durch den Kampf gegen das allseits drohende Chaos gesichert werden kann. Da dieser Kampf durch Erzeugung von Sinnsystemen geführt werden soll, liegt es nahe, von einer präzisen Definition des Sinnbegriffs ausgehend, die Äquivalenz von ›Sinnstiftung ohne Sinnsysteme‹ und ›Sinnstiftung durch Sinnsysteme‹ zu bestimmen. Genauso würde ich vorgehen, wenn ich meine vortheoretischen Erfahrungen und meine theoretischen Probleme ohne Schwierigkeiten unter Rekurs auf die Ansätze, die den Sinnbegriff thematisieren, verarbeiten bzw. lösen könnte. An den in der

Literatur vorfindbaren Sinnbegriffen muß man jedoch rasch verzweifeln, da – und anders könnte man einen paradoxen Titel wie ›Sinnstiftung ohne Sinnsysteme‹ ja wohl auch gar nicht formulieren – ›Sinn‹ in sozialen Systemen offensichtlich auf sehr unterschiedliche Niveaus konstituiert wird und jeweils Unterschiedliches bedeutet – zumindest psychologisch. Allgemein zugänglicher ›Sinn‹ mag zu tun haben mit ›Distanz‹, ›Negation‹, ›Reflexion‹, dem ›Offenhalten von Möglichkeitshorizonten‹, *der »Bezeichnung einer bestimmten Blickrichtung auf ein eigenes Erlebnis,* welches wir, im Dauerablauf schlicht dahinlebend, als wohl umgrenztes nur in einem reflexiven Akt aus allen anderen Erlebnissen ›herausheben‹ können«. Sinn mag also nur »eine besondere Attitüde des Ich zum Ablauf seiner Dauer« sein[2]. Diese allgemeinen Definitionen von *Sinn überhaupt* mögen durchaus richtig sein, es dürfte jedoch schon vorwissenschaftlich unmittelbar einleuchtend sein, daß es bedeutsame ebenenspezifische Differenzen zwischen Sinnkonstitutionen gibt, die in diesen allgemeinen Begriffsbestimmungen verschwinden. Die Reflexivität menschlichen Handelns beispielsweise ist auf sehr unterschiedlichen Ebenen vorhanden, und die ebenenspezifischen Reflexionsstufen sind nicht für jedermann in gleicher Weise ›leicht‹ nachvollziehbar; die psychologische Bedeutung von Reflexionsstufen ist ungeklärt, über Zugänglichkeitsschranken wissen wir wenig. Jedermann mag den Sinn einer Drohgebärde intuitiv verstehen; jeder mag auch in der Lage sein, im sozialen Verkehr eine mißverstandene Drohgebärde reflexiv als solche ›darzustellen‹, jeder mag auch fähig sein, eine geäußerte Drohgebärde mit einem ›Weil-‹ oder ›Um-zu-Motiv‹ zu begründen. Damit ist jedoch noch längst nicht geklärt, ob er auch in der Lage sein wird, die Gesamtheit seiner Lebensäußerungen als sinnvoll zu begründen, ja, ob er überhaupt in der Lage sein wird, die Frage nach einem solchen übergreifenden Sinnzusammenhang als sinnvolle Frage zu begreifen. Offensichtlich ist eine hochkomplexe kognitive Leistung erforderlich, um die Kontingenz der Welt bewußt zu ergreifen und um den Gesamtzusammenhang des eigenen Lebens als sinnvoll zu erfahren. Denn wenn ein solcher Gesamtsinn des eigenen Lebens nicht einfach stumpf empfunden werden soll, müssen alle vergangenen und zukünftigen Handlungen des Subjekts bewußt zu einer je einzigartigen Biographie zusammengeschlossen werden, und dieser Entwurf eines je einzigartigen Lebensschicksals muß auf eine verallgemeinerte Konzeption einer ›Weltordnung‹, innerhalb deren sich auch andere Individuen lokalisieren können müssen, bezogen werden. Es dürfte in die Irre führen anzunehmen, daß diese Art von Sinnstiftung dem gleichen Typus von Sinnerzeugung zuzurechnen ist wie das, was wir tun, wenn wir im Alltagsleben einzelne Handlungsketten durch ›Um-zu-‹ oder ›Weil-Motive‹ begründen. Die in der Literatur[3] diskutierten Sinnbegriffe verdecken entscheidende Differenzen zwischen unterschiedlichen Ebenen der Sinnstiftung, auf denen jeweils unterschiedliche Zeithorizonte konstituiert werden. Sie unterschlagen auch, daß keineswegs selbstverständlich ist, daß der Handelnde von einer der ›unteren‹ Ebenen zu einer ›höheren‹ fortschreitet; daß vor allem keineswegs selbstverständlich ist, daß die Handelnden die Ebene der Letztbegründungen, die traditionellerweise von den religiösen Symbolsystemen besetzt wurde, überhaupt erreichen: Es kann an Anlässen fehlen, die den Handelnden nötigen, bis zu diesem Reflexionsniveau vorzustoßen; ihm können auch die kognitiven Mittel, die erforderlich sind, um die in diesem Kontext auftauchenden Fragen zu beantworten, einfach nicht zur Verfügung stehen. Daß diese nicht automatisch mit der Fähigkeit, Alltagshandeln durch triviale ›Um-zu-‹ oder ›Weil-Motive‹ zu erklären, gegeben sind, dürfte einleuchtend sein: Bei unseren alltäglichen Erklärungen stützen wir uns auf typisierte Motive, die auch andere nennen könnten, und die andere auch nennen können müssen, da sonst die Erklärung als unzureichend empfunden wird. Wenn wir uns jedoch über den Sinn unseres Lebens Gedanken machen, so geht es – zwar nicht im Normalfall, aber doch in bestimmten Extremfällen – gerade darum, etwas zu konstituieren, was vom Subjekt als etwas Einzigartiges erfahren werden kann. Die Tatsache, daß die Sinnproblematik, wenn sie überhaupt aufbricht (und das ist für unsere Gesellschaft eher atypisch), erst relativ spät im Lebenszyklus erfahren wird – in der Adoleszenzphase nämlich –, kann als Indiz dafür gewertet werden, daß wir es hier mit einer hochkomplexen Leistung zu tun haben, deren Voraussetzungen sich erst langsam entwickeln müssen. Kinder verstehen die Frage nach dem Sinn ihres Lebens einfach nicht und produzieren bestenfalls aufgeschnappte Zufallsantworten oder reagieren inadäquat, obwohl sie schon relativ früh voll kompetente Interaktionspartner sind, denen die wichtigsten Sinnschichten des Alltagslebens vertraut sind. Ein Kind kann auf die Frage nach dem Sinn seines Lebens antworten: »Skifahren und Fußballspielen!«; würde ein Erwachsener so reagieren, so würden wir einen ›category-mistake‹ konstatieren und ihn evtl. für nicht ganz normal halten.

Nun ist es für die Zwecke dieses Aufsatzes nicht sonderlich störend, daß eine angemessene Theorie der Hierarchie von Sinnebenen fehlt. Wir müssen nur im Auge behalten, daß es eine derartige Hierarchie gibt, und daß sich die Rede von ›Sinnproblemen‹ immer auf die hochreflexiven oberen Ebenen dieser Hierarchie bezieht, daß, wenn wir umgangssprachlich vom Sinn unseres Lebens reden, wahrscheinlich immer die letzte Ebene von Sinnstiftung, bis zu der man vorstoßen kann, aber nicht unbedingt vorstoßen muß, angesprochen ist. Wenn ein Individuum bis zu dieser Ebene vorstößt, ist es in der Regel nicht gezwungen, die auftretenden Probleme gleichsam monologisch anzugehen: Die Gesellschaft läßt das Individuum bei der Lösung des Sinnproblems nicht allein. In den ausformulierten Sinnsystemen sind die konstruktiven Mittel, auf die das Individuum zurückgreifen kann, wenn es versucht, den Sinn seines Lebens zu definieren, niedergelegt. Die umfassendsten derartigen Systeme sind die religiösen Deutungssysteme, die sämtliche Kontingenzbereiche menschlicher Handlungssysteme abdekken (vgl. den Artikel von Ingo Mörth in diesem Band). Auf den ersten Blick könnte man daher zu dem Schluß kommen, daß gerade die fleißigen Kirchenbesucher das Problem der sinnhaften Integration ihres Daseins als besonders dringend empfunden haben und sich deshalb gleichsam gezwungen sahen, religiöse Bindungen einzugehen, da allein die religiösen Symbolsyteme wirklich befriedigende Antworten bereitzuhalten scheinen. Man könnte daher vermuten, daß eine intensive Analyse der Biographien derartiger Personen es ermöglichen könnte, die Funktionen von Religion genauer zu analysieren und die Bedingungen zu identifizieren, die in der Gegenwart dafür verantwortlich sind, daß Religion im Leben der Menschen überhaupt noch eine Rolle spielt. Genau das dürfte jedoch die falsche Forschungsstrategie sein, weil alle relevanten Untersuchungen eher dafür sprechen, daß der kirchengebundene Durchschnittschrist ein sehr wenig reflexives Verhältnis zur Religion hat. Daraus würde folgen, daß sich an seiner Religiosität die Funktionen von Religion, wenn sie tatsächlich etwas mit einer Letztbegründung von Sinn zu tun hätte, nicht sehr gut analysieren ließen. Denn die objektiven Funktionen von religiösen Symbolsystemen sind zunächst einmal und in erster Linie nur den religiösen Spezialisten, die sie seit Jahrhunderten verwalten, bewußt. Sie lehren diese religiöse Tradition dem Gläubigen, der in diesem Prozeß der Traditionsvermittlung weitgehend passiv bleiben kann – aber nicht bleiben muß. Das religiöse Symbolsystem muß vom

Gläubigen ›ergriffen‹ werden, und das ›Ergreifen‹ kann dabei sehr Unterschiedliches bedeuten. Man kann lernen, in dem System zu denken, und man kann sich darauf beschränken, einzelne Sätze zu behalten, um sich bei ›Bedarf‹ an sie zu erinnern. Man kann Religion aber auch ablehnen, weil man gegen die Autorität ›Kirche‹ ist oder weil man es einfach nicht für ›modern‹ hält, an etwas Derartiges noch zu glauben; oder man kann sie auch ablehnen, weil man nach reiflicher Überlegung die institutionalisierte Form von Religiosität als inadäquat empfindet. Diese unterschiedlichen Rezeptionsvorgänge eignen sich nicht in gleicher Weise für ein Studium des Funktionsbereichs von Religionen. Wenn man beispielsweise lernt, im Rahmen der angebotenen Tradition produktiv zu denken, so ist man gezwungen, die soziale Welt zu rekonstruieren, nachdem man erfahren hat, daß es in dieser früher so festgefügten Ordnung Bruchstellen gibt. Hier werden die latenten Funktionen von Religion manifest, und die lebendige Erfahrung des konstitutiven Potentials religiöser Sinnsysteme führt dazu, daß die Religiosität des Individuums auch in seinen Alltag hineinreicht, daß sich eine an religiösen Prinzipien orientierte Lebensführung aufbaut. Dies gilt selbst dort, wo traditionelle Religiosität verworfen wird und alle möglichen Ersatzformen versuchsweise durchgespielt werden. Wo man jedoch nur Begriffe aufschnappt, weil das Angebot nun einmal da ist, da bleiben die Funktionen von Religion letztlich latent, da die Brüchigkeit der sozialen Welt überhaupt nie erfahren wurde: Religion bleibt ein Ding neben anderem im Leben, das akzeptiert wird, weil es nun einmal da ist und ›konsumiert wird‹, weil es sich so gehört. Gäbe es keine religiösen Symbolsysteme, das Individuum würde es kaum bemerken (bis es am Sterbebett liegt). Hier trägt die profane Welt sich selber, die Alltagswelt ist dicht genug gefügt, um Fragen nach dem Sinn des Ganzen überflüssig zu machen. Hier ist nicht nur der Sinn einzelner Handlungen ›fraglos vorgegeben‹, sondern ganze Handlungsketten mit ihren hierarchisch aufeinander aufbauenden Motiven. Hier gibt es sozusagen ›Urvertrauen‹ in die Welt. Wenn nun solche Probanden im Interview angeben, daß ihnen Religion doch noch etwas bedeutet, so hat das für ihre Lebensführung kaum eine Bedeutung, denn ein reflexionsfreies Akzeptieren führt ebensowenig wie ein reflexionsfreies Verwerfen von Religion dazu, daß die Lebensführung religiösen oder quasireligiösen Prinzipien entsprechend reorganisiert wird, weil die Probleme, die Religion lösen hilft, nicht als solche erfahren wurden. Jedes Individuum, in dessen frühkindlicher Sozialisation nicht schwerwiegende Fehler gemacht wurden, bringt dieses Urvertrauen, dieses vorreflexive Sich-geborgen-Fühlen mit, wenn es in die Adoleszenz eintritt. Ob sich dieses nicht-reflexive Weltverhältnis erhält, hängt dann entscheidend davon ab, welche Erfahrungen das Individuum in seiner Adoleszenzphase macht, welche Verlaufsform die Adoleszenzkrise annimmt. Ich behaupte zunächst einmal also ganz global, daß die Verlaufsform der Adoleszenzkrise die Rezeption von objektivierten Sinnsystemen und die Art ihrer Integration in die tägliche Lebensführung ganz entscheidend mit beeinflußt. Damit stellt sich die Frage, welche spezifische Entwicklungsaufgabe in dieser Phase des Lebenszyklus gelöst werden muß, welche Probleme hier auftreten können, und warum gerade hier Sinnsysteme thematisiert werden können.

Ich will das theoretische Konstrukt ›Adoleszenzphase‹ hier nur kurz und so weit es für eine Klärung der Rolle von Sinnsystemen im Aufbau der individuellen Identität erforderlich ist, umreißen. Die Entwicklungsaufgabe, die in dieser Phase zu lösen ist, wird normalerweise mit dem Begriff ›Identitätsbildung‹ bezeichnet. Genauer gesprochen handelt es sich hier jedoch nicht um den Aufbau von ›Identität‹ überhaupt, sondern um eine Veränderung der frühkindlichen, primär familienzentrierten Identitätsformation. Am Ende dieser Entwicklungsphase wird der einzelne sich nicht mehr einfach als Kind eines bestimmten Elternpaares begreifen, sondern soll seinen Platz in der Gesamtgesellschaft einnehmen und dabei wissen, wer er ist, was er will und wollen soll, warum es sinnvoll sein kann, das zu wollen, was er will, und warum er in einer bestimmten Art handelt. Er muß nun als einzelner seine Lebensführung im Prinzip gegenüber allen möglichen anderen und nicht nur gegenüber der Familie verantworten können. Im einzelnen sind bei dieser Veränderung der kindlichen Identitätsformation folgende Probleme zu lösen, bzw. können folgende Problembereiche thematisch werden[4]:

(1) Das Körperbild muß verändert werden, da die biologischen Reifungsprozesse unübersehbar sind. Die Verschiedenartigkeit des männlichen und weiblichen Körpers wird erstmals mit Rücksicht auf ihre möglichen interpersonellen Konsequenzen thematisch.

(2) Damit ist unmittelbar die gesamte Geschlechtsrolle betroffen. Die Geschlechtsrolle muß so transformiert werden, daß heterosexuelle Beziehungen möglich werden, sie wird also um eine interaktive Dimension bereichert.

(3) Das Kind muß die Basis seiner emotionalen Sicherheit von der Herkunftsfamilie stärker auf die eigene Person verlagern, es muß sich also vom Elternhaus lösen, bzw. seine Beziehungen zu den Eltern weitgehend verändern. Es kann die Eltern von nun an nicht mehr als ›Hilfs-Ich‹ benutzen, sondern muß lernen, mit seinen eigenen Problemen fertig zu werden. Das erfordert auch neue Formen des

Umgangs mit dem eigenen Innenleben: Die eigenen Bedürfnisse, Normen und Idealvorstellungen, die abgespaltenen Persönlichkeitskomponenten müssen zugänglich, d. h. bewußtseinsfähig werden, damit der Jugendliche auftretende Probleme überhaupt rational angehen und selbständig lösen kann. Dieser Prozeß der Lösung vom Elternhaus kann als Krise erfahren werden (Lösungskrise). Sie ist eher für die Frühadoleszenz typisch, in der die Auseinandersetzung mit den Eltern und anderen Autoritäten im Vordergrund steht.

(4) Das Individuum muß sich in die Gesamtgesellschaft integrieren, was in unserer Gesellschaft im wesentlichen bedeutet, daß eine Berufsrolle übernommen werden muß und daß die Staatsbürgerrolle sich konkretisiert. Erwachsene müssen wenigstens über Politik reden können.

(5) Das Individuum muß in irgendeiner Form eine Balance zwischen den unterschiedlichen Lebensbereichen (Freizeit, Familie und persönliche Beziehungen, Beruf, politische Sphäre) herstellen (Hierarchisierung, beispielsweise in der für unsere Gesellschaft typischen Form der Berufsrollenidentität oder Orientierung an rollenübergreifenden moralischen Prinzipien oder Werten).

(6) Es kann zum Problem werden, die gewählte Form der Organisation des eigenen Lebens als sinnvoll und begründungsfähig zu erleben, um ein dauerhaftes motivationales Engagement aufzubauen. Der gesamte Lebenszusammenhang muß dann in übergreifende Sinnzusammenhänge eingebettet werden können. Diese Funktion haben traditionellerweise umfassende religiöse und metaphysische Weltbilder erfüllt. Dieser gesamte Prozeß der Bindung an übergreifende Lebensziele, der Festlegung der eigenen Identität kann mit einer so weitgehenden Reorganisation der in der Herkunftsfamilie erworbenen Orientierungsmuster verbunden sein, daß das Individuum eine intensive Krise erfährt (Identitätskrise). Wenn sie überhaupt auftritt, erreicht sie ihren Höhepunkt eher in der Spätadoleszenz. Das Individuum, das eine intensive Identitätskrise erfährt, lebt vorübergehend in einer Welt, in der die Grenzen undefiniert sind, in der die üblichen Selbstverständlichkeiten nicht mehr als selbstverständlich erfahren werden: Die Alltagswelt ist brüchig geworden. Gleichgültig ob der Jugendliche dann bei der Verarbeitung seiner Lebensprobleme auf die traditionellen religiösen Symbolsysteme rekurriert oder diese als unzulänglich verwirft – seine Lebenswelt wird zu diesem Zeitpunkt von Erfahrungen geprägt, die man insofern ›religiös‹ nennen könnte, als ihm die Funktionen von Religiosität klar vor Augen stehen, als er Lösungen dieses Typs sucht. Jugendliche, die eine intensive Identitätskrise erfahren, stellen in unserer Gesellschaft jedoch eher eine Ausnahme dar, weil der Übergang von der Jugend

zur Kindheit überwiegend als Statuspassage organisiert ist, innerhalb deren klar festgelegt ist, was man aufzugeben hat und welche Aufgaben nun zu übernehmen sind (Berufseintritt).
Zusammenfassend kann man also sagen, daß das Kind in dieser Lebensphase mit einem ganzen Bündel von Problemen konfrontiert ist, die Anlaß bieten, die Lebenswelt zu rekonstruieren und die hochreflexiven ›religiösen‹ Thematiken aufzugreifen. Damit die genannten Probleme aber überhaupt als solche identifiziert und rational angegangen werden können, muß der Jugendliche bestimmte kognitive Minimalvoraussetzungen entwickelt haben. Wenn ein Kind mit derartigen Problemen konfrontiert wird, also beispielsweise mit hochmobilen Eltern häufig umziehen muß (auch ins Ausland), wird es einfach krank oder entwickelt Verhaltensstörungen, weil es mit seinen begrenzten intellektuellen Fähigkeiten überhaupt nicht in der Lage ist, die auftretenden Probleme zu meistern: Es zerbricht an der Rolle des ›Fremden‹ (Schütz). Anders beim Jugendlichen. Bei Eintritt in die Frühadoleszenz hat der Jugendliche gerade die kognitiven Minimalvoraussetzungen erworben, die erforderlich sind, um Probleme solcher Art zu lösen. Sein Denken ist nicht mehr ›konkret-operational‹, sondern ›formal-operational‹ geworden – um mit Piaget zu sprechen. Die wichtigsten uns in diesem Zusammenhang interessierenden Errungenschaften, die mit diesem Übergang verbunden sind, sind Zukunftsorientierung, das Konzept der Möglichkeit und eine systematische Verbindung von Wirklichkeit und Möglichkeit, Systematik des Denkens und Abstraktionsfähigkeit:

». . . der Jugendliche unterscheidet sich vom Kind vor allem darin, daß er über die Gegenwart hinausdenkt. Der Jugendliche ist das Individuum, das sich selber auf verschiedene Möglichkeiten einläßt – obwohl wir sicherlich der Meinung sind, daß dieses Engagement in realen Lebenssituationen beginnt. Mit anderen Worten: Der Jugendliche ist das Individuum, das mit der Errichtung von ›Systemen‹ oder ›Theorien‹ im weitesten Wortsinne beginnt . . . Mit anderen Worten: Das Kind hat keine Reflexionskräfte, d. h. keine Gedanken zweiter Ordnung, die sich kritisch mit seinem eigenen Denken beschäftigen. Keine Theorie kann ohne solche Reflexion zustande kommen.«[5]

Erst diese kognitiven Errungenschaften ermöglichen es dem Kind im Prinzip, Inkonsistenzen in seiner Lebenswelt aufzuspüren und aufeinander zu beziehen, alternative Lösungsmöglichkeiten durchzuspielen, einen Entwurf seiner gesamten zukünftigen Lebensführung zu konstituieren. Sie sind jedoch nicht als Patentrezepte für alle Lebensbereiche einfach da, so daß das Kind von heute auf morgen in einer neuen Welt leben würde, sondern sie müssen nach und nach erst auf die einzelnen Lebensbereiche und die verschiedenen Ebenen der Sinnstiftung angewandt werden. Die Welt muß erst nach den neuen formaloperationalen Prinzipien rekonstruiert werden. Wieweit dieser Rekonstruktionsprozeß vorangetrieben wird, variiert je nach konkreten Lebensumständen, den psychischen Ressourcen, über die ein Individuum verfügt, und vor allen auch nach Alter: Man muß sich erst von den Eltern gelöst haben, um sehen zu können, daß die Welt nicht so eindeutig in ihren Grenzen bestimmt ist, wie die Eltern immer suggerierten. In der *Frühadoleszenz* werden das neu erworbene Konzept der Möglichkeit und die Fähigkeit zur Systematik des Denkens noch primär im Nahbereich sozialen Handelns erprobt: Man denkt darüber nach, warum die Eltern sich so uneinsichtig verhalten, vergleicht die eigenen Eltern mit den Eltern von Freunden, hat vielleicht erstmals ein Hobby, für das man ›theoretisches Verständnis‹ entwickeln muß, macht sich die ersten Gedanken über einen Freund oder eine Freundin und probiert aus, wie man die Beziehungen zum anderen Geschlecht wohl gestalten könnte. Bezeichnenderweise kommt es nur bei relativ jungen Jugendlichen vor, daß sie, wenn sie die Frage nach einem festen Freund oder einer festen Freundin bejaht haben, auf die Nachfrage, wie lange diese Freundschaft denn gedauert habe, antworten können: »6 Wochen!« In dieser Phase wird die soziale Lebenswelt noch primär als zu untersuchender Möglichkeitsraum erfahren, und man ist vollauf damit beschäftigt, seine Handlungsmöglichkeiten überhaupt erst mal einzuüben. Sinnprobleme, die nur durch religiöse Deutungssysteme gelöst werden könnten, treten noch kaum ins Gesichtsfeld oder berühren den einzelnen nicht wirklich. Das ist nicht weiter erstaunlich, da sich die Systematik des Denkens noch auf begrenzte Lebensbereiche beschränkt und die letzten Grenzen der Sinnhaftigkeit der sozialen Alltagswelt noch längst nicht erreicht werden. Hinzu kommt, daß auch die eigene Innenwelt erst noch entdeckt werden muß, daß noch gelernt werden muß, wie man mit dem eigenen Selbst umgeht. Die neue Reflexionsstufe, die mit dem Erwerb formal-operationalen Denkens beschritten ist, äußert sich noch – soweit das eigene Selbst betroffen ist – eher in einem diffusen Unbehagen, das man nicht artikulieren kann, weil man nicht weiß, was eigentlich mit einem los ist. Probleme mit dem eigenen Selbst werden häufig noch über körperliche Symptome, also vorsprachlich, verarbeitet: Der Jugendliche errötet, fühlt sich unsicher, ohne angeben zu können, warum. Er geht über die Straße und ihm wird plötzlich sehr heiß; er weiß nicht, daß ihm heiß wird, weil er nun plötzlich ›exzentrisch‹ lebt, also unbewußt sozusagen neben sich steht und seinem eigenen Handeln zuschaut. Die unter Jugendlichen heute dominante Form der Verarbeitung von Streß und Ärger trägt sicherlich nicht dazu bei, schneller als früher zu lernen, ein Verhältnis zu seinem eigenen Innenleben zu finden: Man wirft die Stereoanlage an und betäubt sich mit Musik oder rast mit seinem Moped durch die Gegend. Der Sinn des eigenen Lebens kann aber erst fraglich werden, wenn man gelernt hat, auch auf sich selbst zu blicken.

Vor allem eines ist jedoch hier wichtig: Die zentrale Entwicklungsaufgabe, die der Jugendliche in dieser Altersphase lösen muß, besteht darin, daß er seine enge emotionale Bindung an das Elternhaus auflöst, bzw. so verändert, daß er sich als unabhängiges Subjekt erfahren kann. Damit ist die Chance der ›Konfliktvalidierung‹ der eigenen Identität gegeben. Der Sinn des eigenen Lebens konstituiert sich ganz selbstverständlich in der Ablehnung der Autorität der Eltern und der Institutionen, die mit der Erwachsenenwelt assoziiert sind (Kirche, Polizei). Das ›Nein‹ konstituiert Sinn, der sich gewissermaßen selbst trägt – auch wenn er nicht von der Vorstellung einer alternativen Lebensmöglichkeit getragen ist.

Die Freiheitsspielräume sind jedoch eines Tages erobert, der Jugendliche führt mit seinen Freunden und Gleichaltrigen sein eigenes Leben, in das die Eltern nicht hineinreden, über das sie keine Kontrolle haben. Das Problem der Autorität ist damit gelöst und es kann nun die Frage auftauchen, wie man denn sein eigenes Leben auf Dauer gestalten soll. Der Jugendliche tritt in die mittlere oder *Spätadoleszenz* ein. Sein Denken systematisiert sich und er kann damit beginnen, einen Gesamtentwurf seines eigenen Lebens zu konstruieren. Damit eröffnet sich die Möglichkeit, zu den Kontingenzbereichen vorzustoßen, die durch religiöse Symbolsysteme abgedeckt werden. Und in der Tat sind es in der Regel die älteren Jugendlichen, denen man anmerkt, daß sie sich mit derartigen Fragen beschäftigt haben.

Um den Unterschied zu illustrieren, seien (aus Platzgründen kommentarlos) Auszüge aus Interviews mit einem 14jährigen und einem 18jährigen gegenübergestellt[6]:

Versuchsperson 6, 14 Jahre alt:

I Die Selbstmordziffern sind eigentlich ziemlich hoch. Wann oder in welchen Situationen glauben Sie, daß Leute Selbstmord in Erwägung ziehen oder begehen?

VP Zum Beispiel, wenn ich eine Freundin nicht mehr mag, oder wenn man die ganze Zeit Pech hat.

I Die ganze Zeit Pech hat – wie zum Beispiel?

VP Also erst einmal keine Stelle kriegen und dann kriegen die nicht viel

Geld von der Arbeitslosigkeit und wenn ihnen das Geld nicht reicht . . . (Pause)

I Haben Sie selbst schon einmal an Selbstmord gedacht?

VP Nein.

I Gibt es für Sie einen annehmbaren Grund für Selbstmord? Können Sie jemanden verstehen – in bestimmten Situationen?

VP Nein.

I Es sind relativ viele Leute aus der Kirche ausgetreten. Warum, glauben Sie, haben die das getan?

VP Weil sie meinen, daß das Unsinn ist, da dran zu glauben.

I Finden Sie das richtig oder falsch?

VP Falsch.

I Warum?

VP Weil es ist bewiesen worden, daß es ihn (Jesus) gegeben hat und da sollte man halt dran glauben.

I Können Sie sich auch vorstellen, daß Leute aus der Kirche austreten, die trotzdem noch gläubig sind?

VP Ja.

I Weshalb treten die aus, was vermuten Sie?

VP Damit sie die Kirchensteuer nicht mehr zahlen müssen.

I Finden Sie das richtig, daß man aus diesem Grunde austritt?

VP Nein.

I Hm.

VP Weil, wenn man dran glaubt, dann könnte man die Steuern auch bezahlen.

I Religiöse Menschen sagen häufig, daß sie in der Religion etwas finden, was sie sonst nirgendwo finden. Was meinen die wohl, was bedeutet Religion für den Menschen?

VP Hm, das ist der Glaube, daß nach dem Tod noch was kommt und so.

I Was ist für Sie das wichtigste im Moment an Ihrem Glauben?

VP Das kann man schlecht sagen.

I Was wäre denn das Leben für Sie, wenn es keinen Gott gäbe?

VP Dann würde sich auch nichts ändern.

I Haben Sie denn schon mal überlegt, aus der Kirche auszutreten?

VP Nein . . .

I Was bedeutet Gott für Sie?

VP A ja (lange Pause). Wo man später nach dem Tod hinkommt.

I Was würden Sie sagen, wie sollte sich ein guter Christ verhalten?

VP Ja, er soll regelmäßig in die Kirche gehen und nicht fluchen.

I Glauben Sie, daß das Leben einen Sinn hat?

VP Ja.

I Worin besteht der Sinn Ihres Lebens? Was würden Sie sagen, wenn Sie an Ihr eigenes Leben denken?

VP (lange Pause, keine Antwort).

I Sprechen Sie über solche Sachen schon mal mit jemandem?

VP Nein.

I Finden Sie das bedauerlich, daß Sie niemanden haben, mit dem Sie darüber sprechen können, oder was? Oder sagen wir mal, glauben Sie, daß das eher Sachen sind, die man mit sich allein abmachen muß?

VP Nein, das sind Sachen, die man, die man mit sich allein . . .

I Aha. Denken Sie oft über sich selbst nach?

VP Nein. . . .

Demgegenüber VP 14, 18 Jahre alt[7].

I Bedeutet Ihnen Religion etwas?

VP Ja, es bedeutet mir etwas, obwohl ich glaube, daß wir von der Religion also immer mehr wegkommen.

I Wer, wir?

VP Die Menschheit kommt von einer bestimmten Religion mit dem Drumherum, was da also ist, immer mehr weg und kommt nur zum reinen Glauben, der nicht an Religion gebunden ist.

I Das versteh ich jetzt nicht genau, könnten Sie das mal erklären?

VP Ja, also Religion, da ist ja so vieles mit dabei, wenn man also an . . . ob man jetzt an Christi Himmelfahrt glaubt oder an die Verwandlung oder ja es gibt so viele Sachen, die meiner Meinung nach nur Beiwerk sind, die man also heute auch im Glauben jetzt wegläßt, aber die Kirche tut das eben nicht, und das ist der Fehler.

I Und was bleibt über im Glauben?

VP (Pause) Ja, das kann ich jetzt nicht genau sagen. Im Glauben also der Gottesglaube und der christliche Glaube soll schon bestehen bleiben, aber mit dem, mit diesem Zierat, der sich da so rumschlingt, der soll wegfallen.

I Sie glauben an Gott?

VP Ja.

I Und an Christus?

VP An Christus . . . a jetzt nicht als . . . ich glaube, daß Christus Mensch war . . . ich glaub eben diese Sache nicht so wörtlich wie die Kirche es beansprucht – wie mit der Auferstehung und solche Sachen. Ich glaube aber schon an die christliche Lehre, daß die einfach notwendig ist . . . Sie ist für uns, für unser Leben notwendig, und ich glaube auch, daß viele, die sich als Atheisten bezeichnen, im Grunde diese christliche Lehre praktizieren, ohne daß sie es wissen, und sie stellen sich oft dagegen. Also sie ist einfach ein Bestandteil unseres Lebens. . . .

I Sie glauben, es gibt keine Leute, die nicht glauben, daß es einen Gott gibt, oder es gibt viel weniger als sie behaupten?

VP Ja, es gibt viel weniger als es behaupten und . . . denn ich meine, die christliche Lehre umfaßt ja überhaupt unser ganzes Verhalten – jetzt nicht nur . . . speziell ob man glaubt oder nicht. Nur wenn man glaubt, tut man das ja bewußt und der, der das also unbewußt tut, der ist zwar schon auch ein Christ, aber er ist um eine Stufe tiefer, meiner Meinung nach. Jetzt nicht negativ gemeint, aber der Glauben ist dann schon das erstrebenswertere, daß man das bewußt tut. . . . (Jetzt folgt eine längere Diskussion über nicht-europäische Religionen und den Humanismus.)

I Glauben Sie, daß das Leben einen Sinn hat, oder glauben Sie, daß das eher alles zufällig ist?

VP Ja, ich glaube, daß man diese Frage gar nicht stellen kann.

I Ich habe sie aber jetzt gestellt. (lacht)

VP Ja, aber dazu habe ich mir schon sehr viel überlegt und bin immer zu dem Schluß gekommen, daß das, daß die Frage überhaupt sinnlos ist, weil das . . .

I Das ist eine sehr gute, interessante Antwort. Wieso ist die Frage sinnlos? Ich meine, haben Sie denn über sinnlose Fragen nachgedacht?

VP Man kommt, man kommt, wenn man weitergeht, also zu sehen, ich bin zu der Überzeugung gekommen, daß also die Frage nach dem Sinn eine Frage nach dem Ziel ist.

I Ja.

VP Nach einem Ding, das also außerhalb liegt. – Sagen wir mal, wenn man irgendwas für was tut, dann ist das ein Ziel, das außerhalb des Tuns selber liegt. Das geht aber beim Leben nicht, weil das Leben mit der ganzen Welt zusammenhängt und die Welt an sich kann keinen Sinn haben, weil sie nur für sich selbst da ist, also nicht . . . denn die Welt ist ja alles, was existiert, also kann sie nicht für etwas anderes, was noch außerhalb der Welt existiert, einen Sinn haben. So gesehen kann man die Frage gar nicht stellen, ob sie (einen Zweck hat). Sie hat einen Selbstzweck oder so, kann man vielleicht sagen, und genauso ist es mit dem Leben. Das Leben hat den Sinn, daß es bestehen bleibt, aber es ist kein echter Sinn – jetzt auf ein fremdes Ziel ausgerichtet. Meiner Meinung nach – und deshalb ist die Frage irgendwie, die wird dann meistens mißverstanden, und man versucht, also irgendwie krampfhaft, da eine Antwort drauf zu finden. (Es folgt eine längere Diskussion über Evolution und den Zweck des Lebens.)

I Das Leben insgesamt hat einen Selbstzweck – was bedeutet das für mein persönliches Leben, wie . . .?

VP Ja, daß ich schauen muß, daß man versucht, das Leben zu erhalten. Im speziellen eben das Leben unserer Menschheit, das wäre so der Sinn, den ich da sehe, aber jetzt nicht als Sinn gesprochen, weder als Ziel, sondern eben das ist der Selbstzweck des Lebens, denn wenn das Leben diesen Zweck nicht hat, dann löscht es sich von selbst aus im Grunde. Denn ein Leben, das nicht zu seiner Erhaltung da ist, kann nicht weiterbestehen, also es ist insofern ganz automatisch ein Sinn des Lebens, nicht jetzt einer . . ., den der Mensch jetzt dem Leben auferlegt.

I Sie haben gesagt, Sie haben da schon drüber nachgedacht. Reden Sie auch mit Leuten darüber?

VP (Pause) Ja, schon, mit . . . meinen Eltern und Freunden rede ich schon, ja.

I Denken Sie oft über sich selbst nach?

VP (Pause) Ja.

Aber auch unter den älteren Jugendlichen sind diejenigen, an denen man unmittelbar sehen kann, was Religiosität bedeuten kann, gegenüber denjenigen, an deren Lebensformen man über die möglichen Funktionen von Religiosität überhaupt nichts ablesen kann, in der Minderzahl. Es ist die Minderheit derjenigen, die die Realität in fast allen ihren Aspekten als brüchig erfahren hat (Konflikte mit Eltern und Autoritäten, Brüche in der Lebensbiographie, chaotischer Ausbildungsweg, Selbstmordgedanken, unklare Lebensperspektiven, Schwierigkeiten bei der Berufswahl, negatives Selbstbild, Entfremdungserlebnisse, Stimmungsabhängigkeit, Verhaltensunsicherheiten, starkes Gefühl der Einzigartigkeit, weitgehende Einstellungsänderungen)[8].

3. Mechanismen, die vor zuviel Reflexivität schützen

Diese Jugendlichen sind eine Minderheit, weil es in unserer Gesellschaft eine ganze Reihe von Möglichkeiten gibt, die Gesamtbiographie so zu organisieren, daß sich die Frage nach dem Sinn des Lebens überhaupt nicht stellt, oder daß das Leben als sinnvoll empfunden wird, ohne daß religiöse Deutungssysteme irgendeine Rolle spielen. Man kann es auch so sagen: In unserer Gesellschaft gibt es eine Fülle von Mechanismen, die das Individuum relativ gut davor schützen, allzu ausgiebig über sein Leben und den Sinn des Ganzen reflektieren zu müssen.

Ich will hier nur unsystematisch einige der typischeren Mechanismen nennen, um mich dann auf einen eher marginalen, meines Erachtens aber sehr erhellenden Sonderfall zu konzentrieren.

(1) Schon Max Weber hat darauf hingewiesen, daß es für die Durchsetzung kapitalistischer Organisationsprinzipien zwar von entscheidender Bedeutung war, daß man *›rastlose Berufsarbeit‹* auch religiös begründen und als sinnvoll legitimieren konnte, daß kapitalistische Gesellschaften aber inzwischen – ohne daß sich das irgendwie störend auswirken würde – als sinnentleerte Mechanismen vor sich hin klappern. Das ist nicht weiter erstaunlich, da in modernen Industriegesellschaften Lebensziele institutionalisiert sind, die in der Lage sind, fast die gesamte Biographie zu strukturieren: Berufserfolg, Leistungen stellen sich nicht von heute auf morgen ein, sondern müssen langfristig angestrebt und realisiert werden. Somit läßt sich unter diesem Globalziel das ganze Leben gewissermaßen als eine einzige Handlung begreifen. Solange der Handelnde damit befaßt ist, Teilziele anzustreben und Mittel zur

Erreichung des Globalziels zu mobilisieren, ist ihm sein Handeln nicht problematisch. Solange Berufserfolg als dominantes Lebensziel akzeptiert wird, bedarf es keiner weiteren Reflexion, keiner ausformulierten Sinnsysteme, da jeder einzelne Moment des Lebens schon sinnhaft strukturiert ist.

(2) Die nach dem Leistungsprinzip strukturierte Berufssphäre ist für das Individuum mit erheblichen Belastungen verbunden, da es als Person immer nur bedingt, d. h. in Abhängigkeit von seiner jeweiligen Leistung anerkannt wird.

Es erstaunt daher nicht, daß der *Familie* kompensatorisch in allen Bevölkerungsschichten eine außerordentliche psychologische Bedeutung zukommt. Hier wird die Person als solche und unabhängig von Leistung anerkannt, hier erfährt sie konkrete Solidarität und kann konkrete Solidarität beweisen. Eine ausreichende Versorgung der Familie, ein ›glückliches Familienleben‹ gehören daher zu den selbstverständlichsten Lebenszielen, die auch nur langfristig zu realisieren sind, und die keiner weiteren Begründung bedürfen. Zumindest so lange, wie die Kinder noch nicht auf ihren eigenen Füßen stehen, haben die Eltern eine langfristige Aufgabe zu erfüllen, die allen ihren einzelnen Handlungen fraglos Sinn verleiht.

(3) Wo es zu einer Instrumentalisierung der ganzen Berufssphäre kommt, weil man auf beruflichen Erfolg oder Aufstieg nicht hoffen kann, und weil die Arbeit selbst auch keinerlei intrinsische Gratifikationen enthält, bleibt der Rückzug auf die *Konsumsphäre.* Für diesen Bereich aber ist eine spezifische Expansivität charakteristisch. Man hat nie alles, was man haben könnte, und man kann auch nie alles haben, weil immer neue Güter angeboten werden. Hier haben wir es mit einem Prozeß zu tun, bei dem nicht ein langfristiges Globalziel einzelnen Handlungen Sinn verleiht, sondern der aufgrund seiner spezifischen Dynamik pausenlos neue kurzfristigere Ziele freisetzt und so auch eine unendliche Folge von sinnvollen Handlungen ermöglicht. Auch hier bedarf es keiner religiösen Symbolsysteme, weil der Handelnde pausenlos in Atem gehalten ist und gar nicht zu einer reflexiven Einstellung zu seinem Gesamtleben gelangen kann.

(4) Selbst wenn die typischen Lebensziele unserer Gesellschaft nicht akzeptiert werden, ist nicht garantiert, daß das Individuum fähig sein wird, jenseits der normalen Alltagswelt Prinzipien und Orientierungen zu entdecken, die es ihm erlauben würden, alternative Lebensformen zu konstituieren. Kontingenzen müssen auf den Begriff gebracht werden können, und wo der *Kontakt zu den kulturellen Symbolsystemen fehlt,* wo kulturelle Barrieren dafür sorgen, daß die entsprechenden symbolischen Traditionen unbe-

kannt bleiben, kommt es nur zu einem diffusen Unbehagen, das sich nicht zu artikulieren weiß. Hier wäre zwar ein Bedürfnis nach einer reflexiveren Lebensform vorhanden, sie läßt sich jedoch nicht realisieren, da dieselben Erfahrungen, die dazu geführt haben, daß die für unsere Gesellschaft typischen Lebensziele verworfen wurden, in der Regel auch bewirken, daß die traditionelle Religiosität nicht akzeptiert werden kann – und andere Formen von Religiosität kennt man nicht. Zwar wird das Angebot der Kulturindustrie durchaus aufgenommen, aber hier ist kein Ersatz zu finden: Die Kulturindustrie lebt in erster Linie vom schnellen Umschlag von Neuigkeiten und Informationen, nicht von der distanzierten, kontemplativen Ruhe.

(5) Eine für unsere Gesellschaft eher atypische Variante, das Gefühl der Sinnlosigkeit des Lebens ohne Rekurs auf religiöse Symbolsysteme zu überwinden, möchte ich wenigstens erwähnen. Ich denke an Menschen, die im Verlauf einer heftigen Adoleszenzkrise die Brüchigkeit der normalen sozialen Lebenswelt in jeder Hinsicht ausgetestet haben; die die normalen bürgerlichen Lebensziele verworfen haben; die ein distanziertes Verhältnis zu den bestehenden gesellschaftlichen Institutionen haben; die nicht nur die Kirche ablehnen, sondern auch an die Möglichkeit einer spezifisch religiösen Sinngebung des Lebens nicht glauben können, nachdem sie sich sehr intensiv, intensiver als es in unserer Gesellschaft üblich ist, mit Religion beschäftigt haben. Für einen Teil dieser Menschen gibt es einen letzten Identitätsanker, sinnstiftende Prinzipien, die offensichtlich mit jedem beliebigen Grad von Reflexivität kompatibel sind, obwohl sie zentrale Fragen, die eigentlich nur von religiösen Symbolsystemen beantwortet werden können, offenlassen. Es handelt sich um *im moralischen Bewußtsein verankerte Vorstellungen* von *Freiheit, Individualität, Gerechtigkeit und Solidarität.* Diese Prinzipien vermögen offensichtlich Sinn zu stiften, obwohl sie breite Kontingenzbereiche nicht verarbeiten können. Sie tragen sich in gewisser Weise selbst. Wie ist das möglich? Die verallgemeinerten Sinnbegriffe und die theoretischen Überlegungen zu den mannigfaltigen Kontingenzbereichen, die vom Handelnden als problematisch erfahren werden können, sind hier nicht sehr hilfreich, da die identifizierten Kontingenzbereiche in diesen Fällen unbearbeitet stehen bleiben und als solche vom Subjekt erfahren werden.

(6) Ich möchte nun abschließend etwas ausführlicher auf eine anscheinend sehr atypische Form der Sinnstiftung oder, wie man hier vielleicht korrekter sagen könnte, der *Vermeidung der Sinnstiftungsproblematik*, eingehen. Ich werde zu diesem Zweck kurz

eine Gruppe von Jugendlichen schildern, die in einem der wenigen noch einigermaßen integrierten Münchner Arbeitervierteln zu Hause ist. Die für unseren Zusammenhang wichtigsten Informationen über diese Gruppe lassen sich relativ schnell zusammenfassen[9]:

Die Jugendlichen sind etwa 20 Jahre alt; die meisten haben Hauptschulabschluß, ein Teil von ihnen den qualifizierten; ein Teil von ihnen hat nach der Schule eine Lehre abgeschlossen, die Mehrzahl hat die Lehrstelle mehrfach gewechselt und dann als ungelernter Hilfsarbeiter gearbeitet. Das stört sie nicht, weil ihnen, wie schon die Schule, die ganz Berufssphäre im Großen und Ganzen nicht übermäßig wichtig ist: Sie wissen, daß sie keine Karriere werden machen können und haben andererseits das Gefühl, daß das, was sie zum Leben brauchen, schon beschafft werden kann. In diesem Sommer war ein Großteil von ihnen freiwillig und gerne arbeitslos. Für ihre Grundbedürfnisse sorgen die Eltern. Die Eltern bedrängen die Jugendlichen nicht pausenlos, doch endlich eine Arbeit anzunehmen, da sie es in ihrem Leben selbst schwer genug hatten und Verständnis dafür haben, daß ihre Kinder nicht irgendeine beliebige Arbeit annehmen wollen. Sie mischen sich in das Leben ihrer Kinder kaum ein, da es nicht um ihr Glück geht und ihr Kind letztlich nur selbst entscheiden kann, welchen Lebensweg es einschlagen will. Diese Freiheit ist den Kindern schon relativ früh zugestanden worden (ab 14 etwa gab es fast keine Kontrollen mehr). Die Eltern werden von den Kindern heute im Großen und Ganzen akzeptiert, obwohl man nicht so leben möchte wie sie. Es handelt sich um ein Arbeitermilieu, in dem die Kirche nicht sonderlich viel Einfluß hat, und in dem alternative Deutungssysteme nicht zugänglich sind, weil man keine Bücher liest, weil der Kontakt zum kulturellen System praktisch nicht vorhanden ist. Man kennt also fast keine Alternativen zur kirchengebundenen Religiosität, und diese wird abgelehnt.

Und nun die Frage: wie erreicht man es, daß man sein eigenes Leben wenigstens vorreflexiv als sinnvoll empfinden kann, wenn man intelligent genug ist, um in Möglichkeiten und systematischen Zusammenhängen denken zu können; wenn man die Normalform der Organisation der eigenen Biographie über die Berufsrolle verworfen hat; wenn man ausformulierte Sinnsysteme, in denen alternative Lebensformen umrissen sein könnten, nicht kennt; wenn moralische Prinzipien für die eigene Lebensführung nicht von übermäßiger Bedeutung sind, weil man eben nicht so altruistisch ist; wenn man im Konsum nicht ertrinken kann, da Geld knapp ist; und wenn man schließlich nicht gewohnt ist, in sich hineinzuschauen und etwas zu entdecken und auf den Begriff zu bringen, was nach Sinngebung verlangt? Wenn man sich einen Moment lang diese Ausgangsbedingungen vergegenwärtigt und sich überlegt, wie in einer solchen Situation überhaupt so etwas wie eine als sinnvoll empfundene Lebensführung soll zustande kommen können, dann wird einem vermutlich nicht sehr viel einfallen.

Aber man kann sich vor dem Gefühl der Sinnlosigkeit durchaus schützen. Man kann nämlich folgendes tun. Man kann ins Kaufhaus gehen, und etwas stehlen; man kann sich vom ZDF dafür bezahlen lassen, ›den wilden Mann zu spielen‹ und ein Restaurant ›auseinandernehmen‹; man kann ›zur Gaudi‹ Schlägereien anfangen; man kann die Zeche prellen; man kann mit dem Auto durch die Gegend rasen oder mit Geländemotorrädern Rennen veranstalten; man kann betrunken in die Kirche gehen, und dem Pfarrer den Meßwein wegtrinken.
Als was sind derartige Handlungen zu deuten? Man hat sie interpretiert als Anzeichen des Bedürfnisses, sich seiner eigenen Männlichkeit zu vergewissern und die Grenzen der Geschlechtsrolle auszutesten; man hat sie interpretiert als Anzeichen für das Bedürfnis, die Erwachsenenwelt und alle institutionalisierte Autorität zu bekämpfen; und man hat sie interpretiert als Anzeichen mangelnder Verhaltenskontrolle und überschießender Aggressivität. All das spielt tatsächlich eine Rolle. Entscheidend für das Verständnis des Verhaltens der Jugendlichen ist jedoch nicht nur der jeweilige Inhalt ihres Handelns (Aggressionen, Konflikte mit Erwachsenen usw.), sondern auch die formale Struktur der Situation, in die die Jugendlichen sich bringen. Wichtig sind folgende Merkmale:

(1) Es handelt sich nicht um routinisiertes Alltagshandeln, bei dem eine Handlung sich aus der nächsten ergibt, ohne daß man eine Entscheidung treffen müßte; sondern die Situation ist ›problematisch‹: Nichts zwingt einen, man könnte es genausogut lassen. Man trifft jetzt eine Entscheidung, die ganz spezifisch das Gefühl der Freiwilligkeit und der Selbstbestimmung vermittelt. Wenn die Handlung nicht in einem ganz emphatischen Sinne als freiwillig beurteilt werden kann, wenn man sich denken kann: ›Der hat es ja nötig‹, dann handelt es sich um einen anderen Handlungstypus. Um es an einem Beispiel klarzumachen: Die von mir untersuchten Jugendlichen haben bisweilen gestohlen – nur so. Einer in der Gruppe stahl fast zwanghaft, weil er den anderen ständig beweisen wollte, was er für ein toller Kerl ist. Genau das konnte er so nicht erreichen, weil er gar nicht verstanden hatte, worum es eigentlich geht, weil er gewissermaßen nicht freiwillig gestohlen hat.
(2) Man wagt etwas, man kann etwas gewinnen, man kann jedoch auch verlieren – und das hat dann in der Regel sehr unangenehme Konsequenzen (z. B. beim Kaufhausdiebstahl erwischt werden).
(3) Ob die Sache gut oder schlecht ausgeht, wird sehr schnell klar. Anders als im Berufsleben, wo wir evtl. erst nach 20 Jahren wissen, ob eine bestimmte Entscheidung richtig war, steht hier sehr schnell fest, ob der Ausgang günstig oder ungünstig sein wird. Wenn ich mit dem gestohlenen Gut das Kaufhaus verlassen habe, ist in der Regel alles in Ordnung.
(4) Im Ablauf des Handelns muß der Handelnde ›ganz bei sich sein‹. Die Aufmerksamkeit ist ganz auf die ablaufende Handlung konzentiert, Reflexität

des Handelns erhöht die Wahrscheinlichkeit des Scheiterns. Der Handelnde testet im Vollzug der Handlung, ob er in der Lage ist, unter Stress ›die Nerven zu behalten‹, er testet aus, wie weit seine Belastbarkeit reicht.

(5) Damit hängt zusammen, daß die Handlung in sich selbst sinnvoll ist, sozusagen ihr Ziel in sich selbst hat. Das erfolgreiche Bestehen der Gefahr ist Selbstwert, daher kann der Inhalt der Handlungen wechseln: Es geht um das Bestehen welcher Gefahr auch immer.

Diese Strukturmerkmale charakterisieren einen Handlungstypus, für den es kein deutsches Wort gibt. Die Jugendlichen begeben sich in Situationen, ›where the action is‹ (Goffman)[10]. *Action absorbiert die beteiligten Individuen, trägt sich selbst, schneidet alle Fragen nach dem Sinn des augenblicklichen Handelns ab. Der einzige Sinn, den solches Handeln noch jenseits des Vollzugs der Handlung selbst hat, besteht darin, daß man in Action ›Charakter‹ beweisen kann,* d. h. demonstrieren kann, daß man über Fähigkeiten verfügt, die in allen Kulturen geschätzt werden, weil alle Kulturen Wert darauf legen müssen, daß Individuen in schwierigen Situationen noch in der Lage sind, die soziale Ordnung aufrechtzuerhalten. Beispiele für derartige Charaktereigenschaften sind: Mut, Selbstkontrolle, Ruhe, Verläßlichkeit. Sie reichen aus, um Action zu rechtfertigen, wenn das Individuum in Nachhinein über sein Handeln nachdenkt. Sie bedürfen keiner zusätzlichen Absicherung in institutionalisierten Symbolsystemen, sie sind in gewisser Weise selbstverständlich und unmittelbar evident.

Wenn man sich noch einmal vergegenwärtigt, wie die allgemeine Lebenssituation dieser Jugendlichen beschaffen ist, wird unmittelbar einleuchten, warum Action für sie von so eminenter Bedeutung ist: *Die reflexiven Ebenen der Sinnstiftung sind ihnen nicht zugänglich. Sie verfügen nicht über die konzeptuellen Instrumente, mittels derer sich Sinnprobleme lösen lassen. Action schützt sie erfolgreich vor der drohenden Sinnlosigkeit.* Wenn es dann durch irgendwelche biographischen Zufälligkeiten schließlich dazu kommen sollte, daß sie die ihnen vertraute Ebene des selbstvergessenen Handelns verlassen müssen, sind sie mit dem Nichts konfrontiert.

In dieser Gruppe ist das geschehen. Die Jugendlichen haben vor 2 bis 3 Jahren damit begonnen, Marihuana zu rauchen: Das hat dazu geführt, daß ihr Aktivitätslevel sank, daß sie sich stärker auf sich selbst zurückzogen, nicht mehr nur Action machten, sondern über sich selbst nachdachten und versuchten, den Sinn ihres Lebens zu bestimmen. Das einzige artikulierte Sinnsystem, mit dem sie in Berührung kamen, war das halb-metaphysische Weltbild eines Vegetariers. Das konnten sie nicht akzeptieren, so daß die Probleme, die sich jetzt erstmals bewußt gestellt hatten, ungelöst stehen blieben.

Folgendes Gespräch ist für die jetzige Situation bezeichnend: Nachdem der Proband die konventionellen Sinnstiftungsmechanismen (Beruf und Privatbereich der Familie sind ›Nebensache‹; die Lebensform, die ihm von seiner Familie vorgelebt wird, kann er nicht akzeptieren) abgelehnt hat, äußert er sich wie folgt:

VP 36, 21 Jahre alt:

I Mm, mm, ak., würden Sie sagen, Sie denken oft über sich nach?

VP Jja.

I Was geht Ihnen denn dann so durch den Kopf, wenn Sie über sich nachdenken?

VP Jja, so zum Beispiel im, was ich verkehrt mach, oder was ich, was ich denk, daß ich verkehrt mach, ich, ich denk schon öfters nach, was ich zum Beispiel später, was mal aus mir wird oder so.

I Mm.

VP Aber . . . ich . . . ich komm dann immer so drauf, ja, jetzt wart ich mal ab, jetzt *und dann plätschert das da immer so hin, von einem Tag auf den andern, von einem Jahr aufs andere, das ist auch nichts.*

I Mm, sagen Sie mal, reden sie so über so Sachen, wie wir jetzt grade geredet haben, mit irgend jemandem?

VP Jja, mit Freunden ab und zu.

I Mm. Finden Sie das wichtig oder finden Sie, daß man das auch lassen könnte?

VP Nein, das finde ich schon wichtig, daß man über so was redet ab und zu.

I Mm.

VP *Aber ich hab, ich hab festgestellt, das wissen die meisten Leut nicht.*

I Mm.

VP *Also glaub ich jedenfalls, was für einen Sinn das Leben hat.* Und für meine Eltern hat des einen Sinn, daß sie jetzt in der Familie, daß sie auf die Familie schauen und daß sie in ihre Arbeit gehen und daß sie schauen, daß sie viel Geld herkriegen.

I Mm.

VP *Familiendenken, aber für mich ist das, mei, kein Sinn fürs Leben . . .*

I Wollen Sie irgendwann mal heiraten?

VP Jja, vielleicht.

I Kinder haben?

VP Ja, möcht ich schon

I Mit wieviel denn ungefähr?

VP So 30.

I Mm. Und weshalb finden, fänden, weshalb finden Sie es ganz wichtig für das Eheleben, Kinder zu haben?

(Pause)

I Was glauben Sie, welche Erfahrungen, oder überhaupt, was für Erfahrungen man so mit Kindern machen kann?

VP Ja, erstens mag ich Kinder ganz gerne und zweitens . . . (Pause) ich find, ich finde des ganz interessant, so Kinder zum Aufziehen, ab . . . und . . .

I Mm.

VP *Jja, des ist, ich mach, ich mach jetzt zwar das gleiche, wie die andern Leut alle: Ich geh in die Arbeit und zieh meine Kinder auf; aber was, was kann man denn anderes machen? Da kann man nichts dagegen machen.*

I Mm, mm.

VP *Des, aber ich möcht des halt so lange rausziehen, solange wie es geht, bis, bis mir nichts mehr einfällt, was ich machen kann* (Reisen, Action).

I Ja.

VP Dann mach ich das.

Hier äußert sich eine Form der kognitiv-kulturellen Unterprivilegierung, die für die Lebensführung offensichtlich mindestens ebenso verheerende Folgen hat, wie die üblicherweise thematisierte Unterprivilegierung in materieller Hinsicht: die Unfähigkeit, sich alternative Lebensformen vorstellen zu können, resultiert darin, daß man sich längerfristig auf ein Leben vorbereitet, das man an sich als sinnlos empfindet und gegen das man sich jetzt noch wehrt. Abschließend möchte ich nur noch auf folgendes hinweisen: Die von mir soeben beschriebene Gruppe von Jugendlichen ist zwar alles andere als repräsentativ für unsere Gesellschaft. Man kann sich jedoch fragen, ob ›sinnfreie‹ Sinnstiftung durch ›Action‹ nicht doch etwas ist, was die Mehrheit der Bevölkerung westlicher Industriegesellschaften sehr gut kennt und ausgiebig praktiziert, wenn auch nicht in so extremer Form wie diese Jugendlichen. Kino und Fernsehen[11] liefern Action, an der der Zuschauer zwar nicht unmittelbar als Agierender selbst teilhat, die er aber durch Identifikation mit den Hauptagenten abgeschwächt wenigstens miterfahren kann. Wenn man sich überlegt, wieviel Zeit dem Normalbürger noch verbleibt, wenn man die Stunden zusammenzählt, die er im Berufsleben, vor dem Fernseher und im Auto – wo es ja auch Action gibt – verbringt, dann kann man sich nur fragen, wann er denn eigentlich noch darüber nachdenken soll, wie bzw. ob überhaupt ›unbestimmte in bestimmte oder doch bestimmbare Komplexität transformiert‹ werden kann, bzw. muß. Man kann sich offensichtlich sehr gut auf den ›niederen‹ Sinnebenen einigeln und muß die Ebene von Sinnstiftung, die traditionellerweise von Religion besetzt wurde, überhaupt nicht betreten.

Michael Schibilsky

Konstitutionsbedingungen religiöser Kompetenz

Wenn Erwartungen und Bedürfnisse reduziert werden, dann werden auch Fähigkeiten verlernt oder modifiziert. Und umgekehrt: Wenn unbekannte Fähigkeiten entstehen oder gelernt werden, wachsen entsprechende Erwartungen und Bedürfnisse. Die Interdependenz von Erwartungen und Fähigkeiten unterliegt einem Prozeß des Aushandelns in sozialer Interaktion. Die Wechselwirkung von Erwartung und Befähigung führt uns mitten in das Thema, zu der Frage nach den Konstitutionsbedingungen religiöser Kompetenz. Religiöse Lebenswelt ist eingebettet in die Alltagswelt. Die in sozialer Interaktion auszuhandelnde Wechselwirkung von Erwartung und Befähigung betrifft auch die religiöse Lebenswelt: Auch religiöse Erwartungen und Bedürfnisse wachsen oder können wiedererwachen, wenn bisher unbekannte oder ungeübte religiöse Fähigkeiten neu entstehen oder gelernt werden. Und umgekehrt: Wenn religiöse Erwartungen und Bedürfnisse reduziert werden, dann können auch religiöse Fähigkeiten verlernt oder modifiziert werden[1].

In einem ersten Abschnitt soll der thematische Kernbegriff dieses Beitrags entfaltet und problematisiert werden, religiöse Kompetenz einerseits in ihrer Besonderheit, andererseits in ihrer Vergleichbarkeit oder Analogisierbarkeit zu Erscheinungen in der alltäglichen Lebenswelt dargestellt werden. Zur Entfaltung des Begriffs gehört auch die Frage nach den Entstehungsmodi religiöser Kompetenz. In einem zweiten Absatz soll die entwickelte Begrifflichkeit auf historische und aktuell aufweisbare Typen religiöser Kompetenz angewendet werden. Danach läßt sich dann im dritten Abschnitt die Reichweite religiöser Kompetenz genauer bestimmen. Ein stärker empirisch orientierter Abschnitt soll dann (viertens) die Tragfähigkeit dieses theoretischen Ansatzes an einem Detail erweisen.

1. Zum Begriff »religiöse Kompetenz«

Ursprünglich meint Kompetenz ein Doppeltes: Einerseits benennt der Begriff eine Zuständigkeit für bestimmte Sachverhalte, andererseits bezeichnet er Befugnis und Befähigung im Umgang mit dem betreffenden Sachverhalt. Zuständigkeit bedeutet direkte oder indirekte Betroffenheit durch, oder Involviertsein in, religiöse Sachverhalte im Sinne von Vertrautheit, Verständnis und Motivation in Wahrnehmung und Rezeption religiöser Vorgänge und Sachverhalte. Fähigkeit meint faktische oder potentielle Handlungsmöglichkeit in religiös vordefinierten oder relevanten Situationen mit Hilfe eines Repertoires oder Instrumentariums an Handlungsstrategien, die in diesem Handlungs- und Deutungskontext plausibel sind. Diese Fähigkeiten können situativ aktualisiert oder auch qua Rolle oder Status habitualisiert werden. Diese Seite des Begriffs qualifiziert also die Relation zwischen Sachverhalt und Person, weist darauf hin, daß es unterschiedliche Kapazitäten religiöser Kompetenz gibt. Kompetenz wird als personelle Eigenschaft, nicht als Eigenschaft eines Systems gedacht.

Die Doppelbedeutung des Kompetenz-Begriffes weist darauf hin, daß religiöse Kompetenz gleichermaßen den Religion professionell Ausübenden wie auch den religiösen Rezipienten betrifft. Religiöse Kompetenz läßt sich also allgemein und formal definieren als Zuständigkeit und Befugnis für religiöse Sachverhalte. Basis-Voraussetzung religiöser Kompetenz ist die allgemeine Annahme, daß sich der Mensch religiös verhalten kann. Religiöse Kompetenz ist damit ein Bestandteil allgemeiner Verhaltens-Kompetenz des Menschen. Anwendung und Erweis religiöser Kompetenz vollzieht sich vornehmlich in sozialer Interaktion. Dagegen wird für den Erwerb religiöser Kompetenz reklamiert, sie läge weitgehend außerhalb der sozialen Lebenswelt. Diese Vorstellung ist zwar soziologisch kaum denkbar, aber deshalb noch längst nicht ausgeschlossen oder gar verboten.

Ungeklärt ist nach diesem ersten Definitionsversuch des Kompetenz-Begriffes das, was hier mit ›religiösen Sachverhalten‹, religiösen Vorgängen oder ›religiös vordefinierten Situationen‹ gemeint ist, Formulierungen, die bereits andeuten, zu welcher Vorsicht mich die zahlreichen Definitionsversuche zum Religionsbegriff veranlaßt haben. Die Zeit lediglich formalisierter Definitionen scheint ohnehin vorüber zu sein. Dazu gehören auch Definitionsversuche nach dem Prinzip »definitio ex eventu«, wonach (im Gefolge von Max Weber) die Definition von Religion erst am Schluß beobachteter Prozesse steht oder ganz in das Belieben der angeblich Betroffenen gestellt wird. Zumindest die Absichtserklärung, qualitative Definitionen zu liefern, liegt vor (etwa bei Günter Dux). Mir legt sich vielmehr die Vermutung nahe, daß gerade der defiziente Modus gültiger Definitionen selbst kennzeichnend für den so schwer zu definierenden Gegenstandsbereich bzw. Zusammenhang ist. Denn Religion gewinnt gerade jenseits der Grenzen von Gesichertem und Definiertem, von Bestimmtem und Determiniertem ihre eigentliche Kraft und Aussagefähigkeit. In Religion drückt sich aus, daß jenseits der Grenzen ausdefinierter Handlungsräume ein Horizont von Unbestimmtem, sich den Gesetzmäßigkeiten von Definitionen und Determination nicht beugender und damit also definitorisch kaum verfügbarer Bereich verbleibt, der schließlich – wenn nicht nur negativ als Residualphänomen bestimmbar – zur kritischen Instanz vollzogener Definitions- und Deutungsprozesse erwachsen kann. Was aus der Sicht innerhalb definierter und strukturierter Lebenswelt als Rest erscheint, kann – in anderem Vokabular und mit anderer Intention – aus der Sicht außerhalb dieser definierten und strukturierten Welt zum eigenständigen Orientierungspunkt werden, Definition und Bestimmtheit selbst ihrer Vorläufigkeit überführen. Aus der soziologischen Innensicht erschließt sich Religion so: Indem ich innerhalb der alltäglichen Lebenswelt Strukturen bilde, schließe ich notwendigerweise das, was nicht strukturierbar ist, aus. Aus der religiösen Innensicht dagegen würde sich die Frage stellen, ob die Strukturen der alltäglichen Lebenswelt den Grundstrukturen menschlicher Existenz entsprechen. Aus der soziologischen Innensicht thematisiert religiöse Kompetenz ein Unbestimmtheitsgefühl innerhalb eines sozial bestimmten Lebens. Ein letzter Perspektivenwechsel: Aus religiöser Perspektive erweist sich religiöse Kompetenz gerade an der Grenze zu den Strukturen der alltäglichen Lebenswelt, bedeutet Handlungsfähigkeit auch in der Erfahrung der Bedrohung von konstituiertem Sinn.

Am deutlichsten wird diese Grenze dort, wo personal wie sozial die Strukturen der sozialen Lebenswelt enden, beim Tod. Es ist kaum zufällig, daß gerade in dieser Situation die Bedürftigkeit gegenüber religiösen Dienstleistungen (hier als religiöse Begleitung in einer fundamentalen Lebenskrise, einer Sinnkrise) am stärksten wahrnehmbar ist. Institutionell garantierte und rituell dargestellte religiöse Kompetenz ermöglicht Handlung trotz Wahrnehmung dieser Grenze des Todes. Während jedoch etwa der Ritus anläßlich einer Bestattung hauptsächlich adressiert und orientiert ist an den Trauernden, also den Überlebenden, also durchaus soziologisch erfaßbar ist als Rekonstruktion weiterhin gültiger Sinnstrukturen der sozialen Lebenswelt, entzieht sich religiös kompetente Begleitung Sterbender an der Schwelle des Todes solchen analytischen Zugriffen. Wenn etwa – im christlichen Kontext – Sterbenden die Hände aufgelegt werden, der aaronitische Segen gesprochen wird, oder der 23. Psalm gesprochen wird, oder wenn – im außerchristlichen Kontext – ausformulierte Rituale und Anweisungen für eine aktive, religiös motivierte Todesbegleitung (wie sie im tibetanischen Totenbuch zu finden sind) eingesetzt werden, dann zielt die damit verbundene Erwartungserwartung auf einen Bereich, der nicht den Strukturen der sozialen Lebenswelt unterliegt. Demgegenüber ist kompetent soziales Handeln dadurch gekennzeichnet, daß die Erwartungserwartung auf den Bereich der alltäglichen Lebenswelt zielt, die Ergebnisse solchen Handelns darin überprüfbar sind.

Damit ist jedoch weder die Frage der Rückführbarkeit religiöser Kompetenz auf andere Kompetenz-Sektoren menschlichen Handelns, noch die Frage der Interdependenz zwischen religiöser und sozialer Kompetenz entschieden. Am eben angesprochenen Themenbereich läßt sich das verdeutlichen. Es gibt durchaus kulturell vermittelte Differenzen religiös kompetenter Sterbe- oder Todesbegleitung. Wenn innerhalb der konkreten kulturell und historisch bedingten sozialen Lebenswelt das Sterben verdrängt und die Todesproblematik sozial immunisiert oder tabuisiert worden ist, wird sich das mit Bestimmtheit auf die Anwendung oder Ausübung religiöser Kompetenz in entsprechenden Situationen auswirken. Umgekehrt jedoch kann auch religiös kompetente Begleitung in sozial tabuisierten oder immunisierten Zonen Rückfragen an Reichweite und Qualität sozialer Handlungskompetenz auslösen oder motivieren (etwa derart: So, wie die Gesellschaft mit Sterbenden umgeht, so geht sie insgeheim oder offen auch mit Lebenden um).

Das Verhältnis von religiöser zu sozialer Kompetenz bedarf einer weiteren Klärung. Während im Zusammenhang mit der Todesproblematik stärker die Differenzen auffallen (festgemacht an der Lokalisierung der jeweils erwarteten Konsequenzen kompetenten Handelns), soll nun ein möglicher Zusammenhang von religiöser und sozialer Kompetenz betrachtet werden. Soziale Kompetenz läßt sich soziologisch begreifen als Generalisierungsleistung (Ralf Bohnsack), Generalisierungen sind also ein Indikator für Handlungskompetenz. Durch Generalisierung wird die Kapazität sozialer Kompetenz gesteigert. Wenn nun tatsächlich ein Zusammenhang zwischen sozialer und religiöser Kompetenz besteht, müßten die für soziale Kompetenz bedeutsamen Generalisierungsleistungen auch für religiöse Kompetenz bedeutsam sein. Die für soziale Kompetenz bedeutsamen Generalisierungen beziehen sich auf die Basisregeln der alltäglichen Lebenswelt: auf die Zeit, auf den relevanten anderen, auf Typisierungen, auf Reflexivität und autonome Kontrolle.

– Zeitliche Generalisierung ist ein Indikator sozialer Kompetenz im Bereich der retrospektiven/prospektiven Art der Interpretation von Bedeutungsgehalten. Innerhalb religiöser Kompetenz ist ein analoges Erfahrungs- und Bedeutungsmuster aufgehoben, das sich als äußerste zeitliche Generalisierung, ja sogar als Sprengung dieser Generalisierung fassen läßt: Ewigkeit. Dieses Denkmodell ›Ewigkeit‹ kann einerseits als äußerste zeitliche Generalisierung, andererseits aber auch als Kontramodell zu allen zeitlichen Generalisierungen verstanden werden und dazu dienen, sich partiell oder sektoral von Zeitstrukturen unabhängig zu machen. Als zeitliche Generalisierung befähigt sie den kompetent religiös Handelnden dazu, Typisierungen auf Dauer zu stellen.

– Die Generalisierung von Typisierungen ist ein Indikator sozialer Kompetenz im Bereich des Zweifels an der Übereinstimmung zwischen Typisierung und Situationsdefinition. Im Bereich religiöser Kompetenz liegen – je nach Überzeugungssystem – in der Regel eine ganze Reihe von generalisierten Typisierungen (häufig historisch tradiert) vor. Ich beschränke mich exemplarisch auf die Typisierung Nächstenliebe/Feindesliebe. Sie beinhaltet für den religiös Kompetenten immer mehr als nur eine Handlungsmöglichkeit, kann für ihn unter jeweils mehr Aspekten relevant werden als er in dieser Situationsdefinition realisieren kann. Andererseits muß diese Typisierung situationsadäquat gehalten werden. Umgekehrt kann die jeweilige Situationsdefinition (z. B. Kampf gegen den Terrorismus) durch diese generalisierte Typisierung umdefiniert werden (etwa als Anwendungsfall des Handlungsmusters Feindesliebe).

– Die Generalisierung des relevanten anderen ist ein Indikator sozialer Kompetenz im Bereich der Reziprozität der Perspektiven. Innerhalb religiöser Kompetenz ist eine Generalisierung aufgehoben, die als Paradox der Generalisierung des relevanten anderen entspricht und sie gleichzeitig auflöst oder relativiert: die Rede von Gott. Gott als der unverfügbare aber relevante andere entzieht sich dem Prozeß des Aushandelns, verweigert sich als der ganz andere der Reziprozität der Perspektiven. Andererseits ermöglicht diese Generalisierung ähnlich der des relevanten anderen, die Situationsdefinition nicht nur an den Erwartungserwartungen konkreter Interaktionspartner zu orientieren, sondern auch an abstrakten Motivations-, Handlungs- und anonymen Aktortypen sowie an deren Verknüpfung in Institutionen und Rollen, bis hin zu hochabstrakten Regelsystemen.

– Generalisierung durch Reflexivität ist ein Indikator sozialer Kompetenz im Bereich der Interdependenz zwischen Typisierung und Situationsdefinition. Im Bereich religiöser Kompetenz entspricht diese Generalisierungsleistung der Entwicklung und Entfaltung dogmatischer Systeme. Potentiell entspricht die Leistung dogmatischer Systeme der Generalisierung durch Reflexivität: Sie ermöglichen den Zugang zu immer sublimeren Ebenen der Legitimation. Mit Hilfe dogmatischer Systeme kann der Inhaber religiöser Kompetenz Situationen definieren und gleichzeitig auch eine Vielzahl anderer Situationen berücksichtigen. Je komplexer das System, um so mehr Möglichkeiten ergeben sich, fremde und eigene Legitimationen in der Situation unter abstraktere und umfassendere religiös akzeptierte Legitimationen zu subsumieren.

– Generalisierung im Bereich der Fähigkeit zur autonomen Kontrolle ist ein Indikator sozialer Kompetenz. Im Bereich religiöser Kompetenz ist damit die Schöpfungsthematik und die damit verbundene Anthropologie angesprochen. Der Mensch als Geschöpf Gottes hat die Freiheit, ›seine‹ Welt zu gestalten, bleibt aber endliches Wesen, bleibt als freier Mensch haftbar gegenüber dem Schöpfer. Auch diese religiös geprägte Generalisierung ermöglicht und relativiert gleichzeitig autonome Kontrolle. Denn mit Hilfe dieser Generalisierung kann er zwar einzelne empirisch identische Definitionen von Situationen in ihrer Bedeutung für eigenes Handeln relativieren dadurch, daß er sie mit anderen möglichen Definitionen im Zusammenhang sieht. Im letzten aber wird die Fähigkeit zur autonomen Kontrolle durch die Generalisierung ›Endlichkeit‹ relativiert.

Religiöse Kompetenz ist jedoch durch die genannten Generalisierungsleistungen keineswegs ausreichend erfaßt. Es wären andere Generalisierungen noch zu suchen. Wesentlicher jedoch ist die Feststellung, daß die Generalisierungen der jeweiligen Respezifikation bedürfen, um den Erweis religiöser Kompetenz zu gewährleisten. Diese Forderung nach Respezifikation trifft jedoch zweifellos auch für soziale Kompetenz zu.

Unter Respezifikation im Bereich religiöser Kompetenz könnten folgende Vorgänge gefaßt werden:

– Zeitliche Respezifikation liegt etwa vor, wenn unter der gedachten Perspektive von Ewigkeit Standardzeit als endliche Zeit betrachtet wird, Zeit konkret religiös qualifiziert wird (z. B. apokalyptische Reden, Meditation, Ekstase, Vision),

– Respezifikation des relevanten anderen, im religiösen Bereich: der Rede von Gott liegt etwa vor, wenn konkrete Personen oder Personengruppen als von Gott beauftragt oder gesandt identifiziert werden;

– Respezifikation etwa der (exemplarisch gewählten) Typisierung

Nächstenliebe/Feindesliebe liegt vor, wenn Handlungsvollzüge gegenüber einer konkreten Personengruppe und einer angebbaren Situation modifiziert oder von der Generalisierung her als relevant anerkannt wird;

– Respezifikation von Reflexivität bzw. von dogmatischen Systemen liegt vor, wenn etwa sozialethische Konsequenzen in konkreten sozialen Zusammenhängen gezogen und realisiert werden;

– Respezifikation hinsichtlich der Schöpfungsthematik liegt etwa dann vor, wenn in scheinbar zwangsläufigen Handlungsabläufen Modifikationen und Alternativen aufgrund der Schöpfungsverantwortung des Menschen realisiert werden.

Den Konstitutionsbedingungen religiöser Kompetenz nähern wir uns dadurch, daß wir nach möglichen Entstehungszusammenhängen fragen. Generierung religiöser Kompetenz vollzieht sich situativ, institutional und/oder konstitutional. Alle drei Generierungsmodelle sind personal zentriert. Die gewählte Unterscheidung ist im übrigen idealtypisch gedacht, Mischformen sind denkbar und wahrscheinlich.

Situative Generierung religiöser Kompetenz ereignet sich in krisenhaften Lebenssituationen, deren Bewältigung und Lösung mit Hilfe aktual erworbener und zuerst situationsbedingter religiös geprägter Krisenlösungsstrategien geschieht. Lebenskrisen oder Sinnkrisen innerhalb der Lebenswelt des einzelnen lassen sich als potentielle Konstitutionsbedingung religiöser Kompetenz bezeichnen. Kompetenz bedeutet dabei: Wahrnehmung und Betroffenheit von/durch eine Krisensituation, deren Deutung als religiös relevant und die Befähigung, gültige Verarbeitung durch spezifisch religiöse Handlungsinstrumentarien zu gewährleisten. (Diesem Generierungsmodell wenden wir uns im vierten Abschnitt, der empirisch orientiert ist, genauer zu.)

Institutionale Generierung religiöser Kompetenz ereignet sich durch sozialisationsbedingte Lern- und Anwendungsprozesse institutionalisierter und tradierter religiöser Handlungsmuster. Die Übernahme religiöser Kompetenz erfolgt dabei stufenweise in Form einer religiösen Karriere, die bis zur professionellen Ausübung religiöser Kompetenz führen kann. Ebenso, wie nicht jede Krise notwendigerweise zur Generierung religiöser Kompetenz führen muß, sind auch religiöse Karrieremuster denkbar, die ohne Erwerb oder Erweis religiöser Kompetenz durchlaufen werden können. Außerdem beeinflußt die Generierungsform das jeweilige Kompetenz-Muster (s. u. Typen). Institutional generierte religiöse Kompetenz bedeutet: Sozialisationsbedingter Motivationsaufbau, institutionalisierte Einübung, lehr- und lernmäßige Aneignung,

Rolleneinübung und Wahrnehmung religiöser Aufgaben in institutionalisierten Rahmenbedingungen. Zuständigkeit und Befugnis scheinen sich bei dieser spezifischen Form gegenseitig zu bedingen, Professionalisierung kann zur Delegation von Zuständigkeit und Befugnis auf den Rollenträger und damit zum Kompetenzabbau beim potentiellen Rezipienten führen. Die religiöse Karriere läßt sich als potentielle Konstitutionsbedingung religiöser Kompetenz bezeichnen.

Konstitutionale Generierung religiöser Kompetenz meint ein in einem Subjekt vorhandenes Begabungsgefüge und Betroffenheitsbewußtsein, das (wenigstens in der idealtypischen Form) weder situativ noch institutional erworben worden ist und als Charisma erfahren und gedeutet wird. Charisma als religiöse Kompetenz bedeutet dann: aufgrund vorgefundener Persönlichkeitskonstellationen unmittelbare religiöse Betroffenheit und Befugnis, persönlichkeitsspezifische Handlungsvollmacht in religiös relevanten Situationen und Entwicklungen zu besitzen. Im Unterschied zu situativer Generierung ist bei der konstitutionalen Generierung kein Datum oder Wendepunkt bezüglich religiöser Kompetenz angebbar, konstitutional generierte Kompetenz wird allenfalls entfaltet oder weiterentwickelt. Im Unterschied zur institutional generierten religiösen Kompetenz ist keine karrieremäßige Entwicklung der konstitutional generierten religiösen Kompetenz nachweisbar. Charisma kann zwar krisenfest und karriereresistent sein, umgekehrt führen jedoch situative und institutionale Generierung nicht zum Charisma.

2. *Typen religiöser Kompetenz*

Zur Konkretisierung des bisher stärker theoretisch gefaßten Begriffs sollen historisch und gegenwärtig aufweisbare Typen religiöser Kompetenz untersucht werden hinsichtlich ihrer (a) jeweiligen Generierung, (b) der Lokalisierung der jeweils implizierten Erwartungserwartung, (c) der Kompetenz-Merkmale (Handlungsinstrumente und Strategien) und (d) der jeweiligen Generalisierungs- und Respezifikationsleistungen. Ohne das Bemühen um Vollständigkeit der Typologie bediene ich mich (in Auswahl) der klassischen Typologie von Joachim Wach.

Der *Religionsstifter* als Haupttyp religiöser Kompetenz vertritt ein einzigartiges Ereignis und wird schließlich zu einem unverwechselbaren Symbol innerhalb von Deutungs- und Interpretationssyste-

men. In religiös geprägter Interaktion wird er zum Gegenstand von Verehrung und Nachfolge. (a) Die Generierung religiöser Kompetenz ist hier vorrangig konstitutional, gelegentlich situativ und selten institutional geprägt. In zeitlicher Abfolge werden vielmehr die Generierungsformen religiöser Kompetenz in diesem Umfeld so angeordnet: Die konstitutional generierte religiöse Kompetenz des Religionsstifters selbst (Sendung/Sohnschaft) führt bei seinen unmittelbaren Anhängern zu situativ generierter religiöser Kompetenz (etwa durch Markierung eines religiös bestimmten Wendepunktes in der Biographie der Anhänger); institutional generierte religiöse Kompetenz wird dann als Konsequenz der strukturellen Festigung der späteren Anhängerschaft ausgebildet. (b) Die mit der religiösen Kompetenz des Religionsstifters verbundenen Erwartungserwartungen sind sowohl auf die soziale Lebenswelt als auch auf den Bereich jenseits dieser sozialen Lebenswelt gerichtet, wobei häufig die jenseits orientierten Erwartungserwartungen die diesseitigen dominieren und prägen. (c) Instrumente und Handlungsstrategien religiöser Kompetenz sind hier in größtmöglicher Breite und Vielfalt anzutreffen und zu benennen: Gebet, Meditation, Vision, Heilung/Rettung, Reinigung, Zuspruch, Segnung, Sendung, Verkündigung/Lehre, Ritualisierung, Bildung und Verwendung von Symbolisierungen, Askese, Ekstase, religiöses Wissen etc. (d) Die Spannweite von Generalisierung und Respezifikation ist innerhalb der Biographie des Religionsstifters am deutlichsten ausgeprägt: Generalisierungen werden innerhalb ihrer Biographie festgemacht an jeweiligen Respezifikationen, die als Typisierung späterer Generalisierung dienen (im christlichen Kontext etwa Nächstenliebe/Feindesliebe und Sühnopfer in der Respezifikation der Kreuzigungsgeschichte, die als Typisierung späterer Generalisierung zur theologia crucis ausgebildet wurde; im außerchristlichen Kontext etwa gegenwärtig die Leidensgeschichte von Ananda Murti, dem Gründer der indischen Sekte Ananda Marga).
Beim *Reformator* verändert sich die Sachlage grundlegend. (a) Sein historischer Ort ist die Krise, eine faktische oder vermutete Verfallssituation oder historische Übergangssituation. Die Generierung religiöser Kompetenz ist hier vorrangig situativ geprägt, kann jedoch konstitutional unterstützt werden und schließlich später zur Modifikation vorhandener institutionaler Generierungsstrukturen religiöser Kompetenz führen. (b) Die Erwartungserwartungen sind weit stärker auf die Strukturen innerhalb der sozialen Lebenswelt gerichtet, haben häufig hier ihre eigentliche Stoßrichtung. Zu den Strukturen innerhalb der sozialen Lebenswelt werden in diesem Fall auch die Handlungsformen religiöser Gemeinschaften in der

alltäglichen Lebenswelt einschließlich ihrer Organisationsstrukturen gerechnet. (c) Instrumente und Handlungsstrategien sind dementsprechend stärker auf den verbal-lehrhaften Sektor konzentriert, wobei andere Handlungsstrategien nicht ausgeschlossen sind, aber hinsichtlich der faktischen Bedeutsamkeit und Handlungskonsequenz eher sekundären Charakter haben. (d) Hinsichtlich Generalisierung und Respezifikation liegt hier das Schwergewicht häufig auf der Erweiterung und/oder Modifikation der Generalisierungsleistungen, deren Respezifikationen zwar noch gelegentlich biographisch vermittelbar mit Person und Handlungsmodellen des Reformators sind; häufig bleiben jedoch die Respezifikationsleistungen so gering, daß eine Vereinseitigung der Generalisierungsleistungen später zur Beliebigkeit künftiger Tradition werden kann. Es können also divergierende oder sogar konträre Respezifikationen ausgebildet werden, die unter der vom Reformator geleisteten Generalisierung subsumiert werden (etwa Luthers Generalisierung ›Priestertum aller Gläubigen‹ und späteres lutherisches Amtsverständnis).

Beim *Prophet* sind wiederum andere Konstellationen feststellbar: (a) Zwar kann sein historischer Ort auch die Krise oder eine Übergangssituation sein, er kann sie jedoch faktisch auch selbst konstituieren, auslösen oder verstärken. Die Generierung seiner religiösen Kompetenz erfolgt konstitutional und situativ, seltener jedoch institutional (etwa in Prophetenschulen). Die Verbindung von konstitutionaler und situativer Generierungsform wird hier häufig passivisch gedacht (Vision empfangen, einen Auftrag übernehmen müssen, auch gegen den eigenen Willen). (c) Instrumente und Handlungsstrategien, die gezielt vom Propheten angewendet werden, sind hier weniger die lehrhafte als vielmehr die agitative Rede, die Ermahnung, Beschwörung, die Klage, der Wehruf, die Bußrede. Auf der Seite der subjektiven Erfahrung stehen dem gegenüber religiös geprägte Erlebnisse wie Vision, Audition, Ekstase, die beim Reformator zwar nicht ausgeschlossen, aber für den Typus nicht zwingend erforderlich ist. Diese beiden Seiten der Handlungsstrategien (aktivisch die agitative Rede, passivisch die religiösen Erlebnisse) geben Aufschluß über die Zielrichtung der Erwartungserwartungen (b). Ihren Impuls erhalten die Handlungsstrategien aus der Diskrepanz zwischen religiösem ›Soll‹ und sozialem ›Ist‹. Die Erwartungserwartung konzentriert sich also deutlich auf den Bereich der alltäglichen Lebenswelt. Dabei ist jedoch die prophetische Rede häufig dadurch gekennzeichnet, daß die für die Reziprozität der Perspektiven notwendige Idealisierung der Kongruenz des Relevanzsystems nicht vorausgesetzt werden kann.

Vielmehr lebt prophetische Rede häufig von dem Eindruck der Inkongruenz der jeweiligen Relevanzsysteme. Diese Inkongruenz soll durch die prophetische Aktion überwunden werden. (d) Die Überwindung dieser Inkongruenz erfolgt jedoch hier selten durch Generalisierung und Erweiterung des Relevanzsystems als häufiger durch Respezifikationsleistungen (etwa durch Qualifizierung der augenblicklichen Zeit als Entscheidungszeit).

Der *Heilige* ähnelt als Typ hinsichtlich seiner religiösen Kompetenz häufig dem Religionsstifter, lediglich die Kapazität seiner religiösen Kompetenz scheint geringer bzw. partiell ausgebildet zu sein. Auch er hat Vorbildcharakter, auch er ist häufig (postmortal) ein Gegenstand der Verehrung. Vorbildcharakter und Verehrung sind jedoch eingebettet in ein vorhandenes religiöses System, das durch den Heiligen nicht gesprengt, sondern bestätigt und stabilisiert wird. (a) Die Generierung religiöser Kompetenz ist hier nicht eindeutig zuzuordnen, sie kann sowohl situativ, institutional als auch konstitutional bestimmt sein. (b) Die Erwartungserwartung ist stärker auf die religiöse Welt konzentriert, seine Vorbildwirkung führt jedoch bei seinen Anhängern zu Modifikationen der Erwartungserwartung in der alltäglichen Lebenswelt. (c) Die Instrumentarien, Handlungsstrategien und der jeweilige Erlebnisstil sind potentiell von ebenso großer Bandbreite wie beim Religionsstifter, jedoch häufig nur sektoral ausgeprägt, werden jedoch im entsprechenden Sektor extensiv und paradigmatisch wahrgenommen. (d) Auf diesen jeweiligen Sektor beziehen sich auch die Generalisierungs- und Respezifikationsleistungen, wobei häufiger die Respezifikationsleistungen überwiegen.

Der *Priester* wird gern als Gegentyp des Propheten dargestellt. Die Differenzen, die sich anhand der hier verwendeten Begrifflichkeiten ergeben, machen deutlich, daß die Charakterisierung als Gegentyp unzureichend ist, häufig können es durchaus konkurrierende Typen sein. Nahezu definierbar ist der Priester durch die (a) Generierungsform seiner religiösen Kompetenz, sie ist eindeutig institutional geprägt, er ist geradezu das Musterbeispiel institutionaler Generierung. Das Amts-Charisma, das im Verlauf einer ausgeprägten und institutionalisierten religiösen Karriere erworben bzw. zugesprochen wird, charakterisiert die Art seiner religiösen Kompetenz und deren Kapazität. Die Wahrnehmung religiöser Kompetenz vollzieht sich beim Priester im vorgegebenen institutionellen Rahmen und wird – einzigartig in der Typologie religiöser Kompetenz – professionell ausgeübt. (b) Die Erwartungserwartungen beziehen sich ausgewogen auf beide Bereiche, auf die religiöse Welt wie auf die alltägliche Lebenswelt; genauer gesagt: Ihrem

Status nach lassen sie sich lokalisieren auf der Grenze der beiden Bereiche, müssen also in divergierenden Kongruenzsystemen interagieren. (c) Die Instrumentarien und Handlungsstrategien, aber auch der Erlebnisstil sind durch diese Position bestimmt und eingegrenzt: Vorrangig ist das religiöse Wissen, dessen Erwerb, Verwaltung, Erweis und Vermittlung, Wahrnehmung kultischer Aufgaben, rituelle Observanz. Meditation und Gebet sind für ihn gleichermaßen Handlungsstrategien wie Erlebnisstil, wobei das persönliche religiöse Erleben weniger ursprünglich, spontan oder intensiv ist als beim Religionsstifter oder Prophet. (d) Strukturell scheinen die Generalisierungsleistungen weit stärker zu sein als die Respezifikationsfähigkeiten, er wird als Wächter der Überlieferung und Bewahrer religiösen Wissens, aber auch als Interpret ritueller Ordnungen und Gesetze und Garant für deren Durchsetzung angesehen. Im letzteren sind Respezifikationsleistungen unentbehrlich, ähnlich in seinen seelsorgerlichen Funktionen.

Die Zuhörerschaft, Anhängerschaft, der sogenannte *religiöse Laie* werden bei einer solchen Typologie gern vergessen, tatsächlich spielen sie jedoch eine entscheidende Rolle, die jedoch je nach Typ ihrer Orientierungsfigur verschieden sein kann. Sie bilden das konkrete Gegenüber der jeweiligen Erwartungserwartungen. Jedoch ist das Verhältnis von (bisher genanntem) jeweiligen Typ religiöser Kompetenz zur Zuhörerschaft nicht einlinig, sondern interdependent, wenngleich ein Gefälle nicht bestritten werden kann. Das bedeutet für (a) die Generierung religiöser Kompetenz bei der Zuhörerschaft: Während sie in Wechselwirkung mit dem Priester vorrangig institutional geprägt ist, kann sie beim Propheten und beim Reformator als Bezugsperson stärker situativ strukturiert sein. Im Verhältnis zum Religionsstifter kann sie situativ und konstitutional, kaum jedoch institutional strukturiert sein. (c) Auch Instrumentarien, Handlungsstrategien und Erlebnisstil sind von dieser Wechselwirkung beeinträchtigt: im Verhältnis zum Religionsstifter sind Imitationen auf niedrigerer Ebene vorrangig oder Verhaltensweisen wie Verehrung und Nachfolge (wobei im gleichen Umfeld auch umgekehrte Handlungsformen aufzuweisen sind: Verachtung, Verfolgung); ebenfalls polarisierende Wirkung haben der Reformator und der Prophet. Anders dagegen scheint es in der Beziehung zum Priester zu sein: es kann sowohl Übernahme der Instrumentarien geben als auch Delegation, d.h. bestimmte Bereiche religiöser Kompetenz (Befugnis) entfallen bei der Zuhörerschaft und werden den Amtsinhabern zugewiesen. Kompetenz wird auf potentielle Zuständigkeit ohne Befugnis reduziert. Diese genannten Differenzen haben sodann Auswirkungen auf (b) die jeweiligen Erwartungserwartungen, entscheiden sich also daran, ob jeweils von der Kongruenz des Relevanzsystems ausgegangen werden kann. (d) Eindeutig scheint demgegenüber das Verhältnis von Generalisierung und Respezifikation zu sein: Hier liegt die Priorität deutlich auf den Respezifikationsanforderungen.

3. Reichweite religiöser Kompetenz

Im Unterschied zur alltäglichen Lebenswirklichkeit läßt sich religiöse Lebenswelt als Wirklichkeitsbereich geschlossener Sinnstruktur bezeichnen. Im Unterschied zur alltäglichen Lebenswelt, die uns fraglos gegeben ist, ist religiöse Lebenswelt die Welt des Fragens und des Zweifels – überspitzt gesagt: die Welt des Fragens gegenüber dem angeblich fraglos Gegebenen. Aus der Perspektive religiöser Lebenswelt kann die alltägliche Lebenswelt selbst zweifelhaft und fraglich, nicht selbstverständlich gegeben erscheinen, ja, sie kann partiell dispensiert werden. In welchem Ausmaß eine solche Gegenüberstellung tatsächlich anzunehmen ist, soll hier an der Frage der Reichweite religiöser Kompetenz geklärt werden. Dazu bediene ich mich eines Vergleiches der jeweiligen Handlungs- und Orientierungsstile der beiden Wissenssysteme Alltag und Religion, den Wolfram Fischer vorgenommen hat und der Beobachtungen von Thomas Luckmann und Alfred Schütz bei Realitätsbereichen geschlossener Sinnstruktur.
Die spezifische *Bewußtseinsspannung* (›Einstellung zum Leben‹, Bergson) ist, bezogen auf die Alltagswelt mit heller Wachheit und praktischer Selektion zu bezeichnen, die Handlungen sind auf die Umwelt gerichtet, die Aufmerksamkeit ist auf die Ausführung von Vorhaben konzentriert. Der Zustand der hellen Wachheit ist auf den pragmatisch relevanten Bereich konzentriert, die pragmatische Relevanz selbst bestimmt Form und Inhalt des Bewußtseinslebens. Erlebnis- und Erkenntnisstil von Religion ist dagegen stärker der Phantasiewelt verwandt als der Alltagswelt. Anstelle von heller Wachheit tritt hier Meditation, anstelle praktischer Selektion eher existentielle Selektion. Die religiöse Welt erfährt Alltagswelt als Außenwelt, jedoch auch als Teilwirklichkeit oder Bewährungshorizont. Ein pragmatisch relevanter Bereich fällt bei Religion aus: Erfolgreiche oder erfolglose Verwirklichung von Vorhaben lassen sich nicht in der Logik der Alltagswelt nachweisen, die Resultate existentieller Selektion bleiben unbestimmt, so daß selbst eine ›erfolglose‹ Verwirklichung eines religiösen Zieles in den Grenzen

der Alltagswelt als ›Erfolg‹ gewertet werden kann (z. B. die wenigen Auserwählten), jedoch ohne intersubjektive Beweismöglichkeit.
Die vorherrschende Form der *Spontaneität* ist in der Alltagswelt durch Akte des Wirkens auf ein Vorhaben oder einen projizierten Zustand gekennzeichnet. Das Handlungsfeld ist offen und wird mitbestimmt durch die Spontaneität oder Reaktionsmöglichkeiten des anderen. Gegenüber dieser eher aktiven Form der Spontaneität in der Alltagswelt ist der Erlebnisstil bezüglich Spontaneität in der religiösen Welt passivisch und aktivisch; passivisch etwa in Vision und Audition, aktivisch etwa in Ritualen, kultischen Handlungen oder religiöser Begleitung. Während durch Rituale das Handlungsfeld eher einen geschlossenen Charakter annimmt (Spontaneität und Reaktionsmöglichkeiten des anderen sind reduziert oder normiert), wird durch die passivische Form das Handlungsfeld selbst gesprengt.
Zum Erlebnis- bzw. Erkenntnisstil gehört außerdem eine besondere *Epoché*. Kennzeichnend für die Alltagswelt ist die Suspendierung des Zweifels an der Existenz der äußeren Welt und ihrer Objekte. In religiöser Welt wird dagegen die Gewißheit, daß die Welt und ihre Objekte so sind, wie sie gerade erscheinen, suspendiert. Gleichzeitig jedoch vollzieht sich über religiöse Symbole und Rituale eine Suspendierung der durch Ungewißheit ausgelösten fundamentalen Angst, es erfolgt Chiffrierung universaler Kontingenz. Außerdem wird pragmatische Relevanz suspendiert (ähnlich, wie im System Wissenschaft). Das Fehlen pragmatischer Relevanz kann jedoch durch die innere Logik religiöser Rituale kompensiert werden.
Als spezifische Form der *Sozialität* gilt in der Alltagswelt soziale Interaktion, Kommunikation und intersubjektiv bezogenes Handeln aufgrund der Idealisierung der Kongruenz der Relevanzsysteme und der Idealisierung egalitärer Verständigung mit allen Gesellschaftsmitgliedern. In der religiösen Welt kann die Idealisierung der Kongruenz des Relevanzsystems nur eingegrenzt werden auf überprüfte Zugehörigkeit zum gleichen Relevanzsystem. Dabei erfolgt eine Hierarchisierung der jeweiligen sozialen Bezugsgruppen: religiöse Kommunikation in allgemeinster Form mit einer relativ breiten sozialen Gruppierung, intensive und existentiell bedeutsame religiöse Kommunikation mit einer kleinen, eng verzahnten Gruppe, die sich gegenseitig der Kongruenz des Überzeugungssystems vergewissert. Hier wird Intersubjektivität durch spezifisch religiöse Sprache, Bilder und Symbole gewährleistet.
Die spezifische Form der *Selbsterfahrung* in der Alltagswelt ist

durch unterschiedliche Rollenaspekte ein und der gleichen Person, durch lebensgeschichtliche Standortgewinnung und balancierende Identität gekennzeichnet. Sie kann sich ereignen durch sprachliche Rekapitulation der eigenen Biographie, durch bewußte Wahrnehmung der Überlappung unterschiedlicher Wirkbereiche, durch optische Verobjektivierungen oder durch sprachliche Verobjektivierung subjektiver Eindrücke und Erfahrungen. In der religiösen Welt ist die spezifische Form der Selbsterfahrung anders realisiert: In religiöser Erfahrung kann man sich in der Totalität seiner selbst erleben, gleichzeitig aber auch in der totalen Negation seiner selbst. Totalisierung wie totale Aufhebung der Lebensgeschichte kann zu einer nach außen abgegrenzten Innerlichkeit führen. Religiöse Selbsterfahrung kann zur Umdefinition der eigenen Identität führen.

Es bleibt die *Zeitperspektive,* die in der Alltagswelt durch soziale Standardzeit geprägt, die im Schnittpunkt der inneren Zeit mit der Welt-Zeit ihren Ursprung hat und der allgemeinen Zeitstruktur der intersubjektiven Lebenswelt als Grundlage dient. Dagegen ist die Zeitstruktur der religiösen Welt komplexer, religiöse Erlebnisse sind zwar datierbar, aber inhaltlich von den festen Kategorien der Standardzeit abgelöst (›ein Tag wie tausend Jahre, tausend Jahre wie ein Tag‹, ›drei Tage‹ bei Tod und Auferstehung, ›sieben Tage‹ bei der Schöpfungsgeschichte, alles Beispiele für Symbolbedeutung und symbolische Transformation von Zeit); Zeit kann verdichtet werden zur unmittelbaren Ereigniszeit (›Kairos‹), Zukunft als Vorläufigkeit betrachtet werden, Zeit als Endzeit qualifiziert und so transzendiert werden, in ritualisierter Wiederholung kann Zeitvernichtung simuliert oder signalisiert werden, die Generalisierung der Zeitperspektive als ›Ewigkeit‹ (s. o.) kann die Zeitstruktur selbst zu sprengen suchen.

Diese Beobachtungen haben Konsequenzen für die Reichweite religiöser Kompetenz. Die divergierenden Erkenntnis- und Erlebnisstile verunmöglichen eine Vermischung beider Welten. Die Subjekte der jeweiligen Erkenntnis- und Erlebnisstile sind jedoch weitgehend identisch, müssen also die Spannungen erfahren, austragen oder Entscheidungen treffen. Selbst die Frage der Reichweite scheint innerhalb der Alltagswelt und innerhalb der religiösen Welt unterschiedlich gelagert zu sein: In der Alltagswelt bedeutet aktuelle Reichweite den Sektor, der meiner unmittelbaren Erfahrung zugänglich ist. Bezogen auf religiöse Erfahrung (Vision, Audition, Offenbarung) kann Reichweite hier nicht als Handlungsmöglichkeit, sondern als faktisch unverfügbarer Bereich nur passivisch gedacht werden. Ähnlich ist es mit der potentiellen Reich-

weite, die in der Alltagswelt als potentiell wiederherstellbare aktuelle Reichweite gedacht werden kann, hingegen in der religiösen Welt wegen der Unverfügbarkeit der religiösen Erfahrung selbst nur schwer gedacht werden kann.
Reichweite religiöser Erkenntnis- und Erlebnisstile kann sich also nur auf die jeweiligen Respezifikationen innerhalb der Alltagswelt beziehen. Es scheint mir außerdem ein Gefälle von jeweiliger Generierung religiöser Kompetenz bezüglich der Reichweite in Alltagswelt zu bestehen, ein Gefälle von konstitutionaler über situative hin zu institutionaler Generierung, wobei letztere stärker von der Korrespondierung, erstere mehr von der Konkurrenz zwischen Alltagswelt und religiöser Welt verstanden werden kann.
Nachdem wir einleitend den Begriff religiöse Kompetenz in seiner Doppelbedeutung beschrieben, die Frage der Kapazität religiöser Kompetenz anhand der jeweiligen Generalisierungsleistungen untersucht und Modelle der Generierung religiöser Kompetenz dargestellt haben, nachdem wir dann in einer ersten Konkretisierung die Begrifflichkeit anhand historisch oder gegenwärtig aufweisbarer Typen religiöser Kompetenz entfaltet und die Reichweite religiöser Kompetenz anhand der divergierenden Erkenntnis- und Erlebnisstile in Alltagswelt und religiöser Welt durchbuchstabiert haben, soll nun in einer stärker empirisch orientierten Zuspitzung ein in sozialer Interaktion aufweisbares und erhobenes Generierungsmuster religiöser Kompetenz vorgeführt und untersucht werden. Wenn dabei jedoch nur ein Teil des bisher entfalteten Instrumentariums zur Anwendung kommen kann, dann hängt das mit dem zwangsläufig in Kauf zu nehmenden Ausschnittcharakter des empirischen Gegenstandes selbst zusammen. Es kann also nicht um empirische Verifikation des gesamten hier vorgeführten theoretischen Ansatzes gehen, bezieht sich vielmehr auf einen Aspekt, auf die situative Generierung religiöser Kompetenz, wobei der Untersuchungsgegenstand nicht die Generierung selbst, sondern dessen alltagssprachliche und biographisch geprägte Rekapitulation ist.

4. Situative Generierung in biographischer Rekapitulation

Die Entstehungsgeschichte religiöser Kompetenz soll im folgenden an einer fünfteiligen biographischen Erzählung zum Thema Okkultismus verfolgt werden. Diese Geschichte ist mir von einem etwa 25 Jahre alten Probanden, der Leiter einer christlichen Wohngemeinschaft einer freikirchlichen Gemeinde ist, erzählt. Innerhalb des Sinnsystems des Probanden bedeutet Okkultismus krisenhafte (wertend: böse) Wirklichkeit, die potentiell den christlich ausdefinierten Lebensbereich bedroht, bedeutet jedoch gleichzeitig ein Phänomen, das erwartbar sein oder befürchtet werden kann. Aufgabe der Analyse ist es nicht, dem Probanden tatsächlichen Besitz religiöser Kompetenz zu bescheinigen. Es soll lediglich aufgezeigt werden, wie in Auseinandersetzung mit wiederkehrenden Krisenereignissen beim Probanden das Bewußtsein und Selbstverständnis entsteht oder sich entwickelt, religiöse Kompetenz erworben zu haben. Denn wir untersuchen nicht die konkreten Situationen, sondern die alltagssprachlichen Rekapitulationen der Situationen, die jedoch die Wissensbestände und Handlungsstrategien des Probanden erhellen können. Entstanden ist diese Geschichte im Kontext eines biographischen Interviews innerhalb der Darstellung gegenwärtiger Tätigkeiten und Problemstellungen.

Der Proband berichtet additiv fünf Fälle selbsterlebter und also potentiell das Sinnsystem bedrohender okkulter Ereignisse. Die Exaktheit und Akribie, mit der der Proband diese Geschichten rekapituliert, deuten darauf hin, daß es sich um äußerst beeindrukkende und aus der fraglos gegebenen Normalität herausfallende Ereignisse handelt. Die unmittelbare Involviertheit des Probanden wird anhand der umfassenden Indexikalisierung etwa der Erzähleröffnung deutlich:

»Ja, ein Beispiel ist ja eigentlich hier im Haus (= Ort der Handlung) angefangen, dadurch bin ich (= Erzähler als Beteiligter) das erste Mal (= Verortung in der Chronologie der eigenen Biographie) selbst in Kontakt mit solchen Dingen (= Gegenstandsbereich in allgemeinster Formulierung) gekommen. Da war ein Mädchen (= Nennung weiterer beteiligter Person), die hatte sich, äh, ne Studentin (= Kennzeichnung dieser Person durch Berufsangabe), die hatte sich voriges Jahr im Herbst, nee im Sommer, zu Christus entschieden (= Kennzeichnung dieser Person durch ein bedeutsames Ereignis in der Sinnwelt des Probanden).«

Der Proband bietet nun fünf selbsterlebte Ereignisse zum Thema Okkultismus, die nahezu parallel aufgebaut sind. Jede Geschichte ist eine in sich abgerundete Erzähleinheit mit Orientierungsteil, Kernerzählung und Resolution. Die Großgeschichte wird schließlich mit einem ausführlichen Evaluationsteil abgeschlossen. Das uns interessierende Kompetenz-Problem wird in den einzelnen Geschichten jeweils dort deutlich, wo der Eigenanteil des Probanden an und in der Situation benannt wird. Daß die Großgeschichte die Intention hat, Erwerb und Erweis von Kompetenz in einer religiösen Krisensituation aufzuzeigen, wird jedoch erst deutlich,

	1. Fallerzählung	2. Fallerzählung	3. Fallerzählung	4. Fallerzählung	5. Fallerzählung
Erzählphase: I. Orientierungsteil (Rahmen)	Ja, ein Beispiel ist ja eigentlich hier im Haus angefangen, dadurch bin ich das erste Mal in Kontakt mit solchen Dingen gekommen. Da war ein Mädchen, ... ne Studentin, die hatte sich voriges Jahr im Sommer zu Christus entschieden, d. h., da hatte ich sie zum ersten Mal angesprochen,	und ich bin dann auf die Bibelschule gegangen, hab ich das praktisch zu meinem Spezialstudium gemacht ... sehr gute Literatur. ... jemand kam, der über Okkultismus lehrte und da waren die Eltern von einem Jungen, der so'n bißchen komisch war	Ne andere Sache: Ich war auf der Konferenz, da waren meistens tausend amerikanische Soldaten und deren Familien Christen ... und da war es so: daß wir, am 3.Tag der Konferenz ... wo wirklich der Heilige Geist da war, man spürte das einfach	Und der (Pastor) hat dann vor ungefähr zwei Monaten das erste Mal über Okkultismus gepredigt	Und ne andere Sache; was danach noch gewesen ist, das ist ziemlich neu, ich hab vorige Woche mich mit jemandem unterhalten, den mir Gott auf's Herz gelegt hat, der ist immer in die Gemeinde gekommen und hat sehr sehr, hat ne Art Fallsucht gehabt, das nennt sich Tick-Krankheit in der Psychoanalyse

II. Kernerzählung: Vorwarnung Vorstufe	so um die Weihnachtszeit, da merkte man in den Gebetszeiten immer mehr, daß wenn man zusammen betete, daß die Gebete, die sie sprach, irgendwie hatte man einfach en ungutes Gefühl dabei, man konnte nicht sagen, warum, man hatte einfach en ungutes Gefühl dabei ... manchmal wurde ihre Stimme so'n bißchen hysterisch ... bis sie zum Schluß sagte: Wenn ich bete, dann hab ich das Gefühl, wenn ich mich Gott nähere, an ner bestimmten Stelle, da möchte ich Satan anbeten ...	die waren in der Kirche oder in der Gemeinde, da hat der Junge, oder das was in ihm war, hat irgendwie gespürt, daß die Eltern einen anderen Wissensbereich hatten	daß, wenn der Heilige Geist wirklich da ist, die Finsternis dann weichen muß, daß sich das nicht verträgt und daß dann Dinge zum Vorschein kommen, die vorher nicht zum Vorschein kommen	einige Leute, von denen ich wußte, daß sie belastet waren zu dem Zeitpunkt, hab ich da beobachtet ... und der (Pastor) hat die Aufforderung gegeben, o. k., wer frei sein will ... Dinge tun muß, die er nicht tun will, der soll in nen Gebetsraum kommen,	ich hab mich mit dem drei Stunden unterhalten, ... mit seiner Mutter gesprochen,

	1. Fallerzählung	2. Fallerzählung	3. Fallerzählung	4. Fallerzählung	5. Fallerzählung
Erzählphase: ff. II. Kernerzählung Explosion (+ Reaktion)	bis es dann eines abends passierte, daß sie allein im Gebetsraum .war und da vor sich hinbetete und diese Angst auf einmal so stark wurde an ner bestimmten Stelle, daß sie einfach anfangen mußte zu schrein, wie ein Tier praktisch . . . ich bin etwas später gekommen und hörte das, wie sie rumschrie und dann bin ich in's Haus gegangen und hab dann gedacht, o.k., ich bete einfach mal mit, einfach da durchkämpfen, nech, und das Mädchen hat Probleme und ich war nicht vorbereitet, ja, ich hat-	und dann ging das auf einmal los mit dem Schreien, ja, vorher noch nie aufgetreten	und dann, ich saß ungefähr, ich saß im ersten Drittel vorne, auf einmal fing da zehn Meter entfernt von mir, mitten drin fing auf einmal eine Frau an zu schreien, so im mittleren Alter, fing an zu beten: ›Jesus, ich preise dich‹, aber in einer solchen hysterischen Stimme, ja, vom Wort her stimmte das alles, aber man merkte genau, das war nicht die Frau, und *was ich erstaunlich fand*, daß diese Stimme genau identisch war mit der Stimme des Mädchens, die hier im Haus gewohnt hatte, genau iden-	nachher war der Gebetsraum gepackt voll und dann passierten eben solche Dinge, genau das gleiche, was in der Bibel geschrieben war, daß man darüber betet, die Leute fielen zum Boden, . . . ein Mädchen mußten wir mit fünf Leuten festhalten, ein Mädchen ist auf'm Boden rumgekrochen wie 'ne Schlange, ne, . . . und das ganz normale Bürger, ja, ganz normale, nicht irgendwie aus der Klappsmühle oder so, Studenten, ja.	und während dieses Gespräches kamen diese Dinger natürlich auch wieder vor, eine Sache, die ganz typisch ist für okkulte Belastungen, für das, was man Besessenheit nennt, oder Dämonisierung, das war, daß er ne normale Unterhaltung führt und auf einmal zwischendurch ganz schnell sagte: »Halt's Maul!« oder irgendwie Schimpfworte und dann so Bruchteile von Sekunden, so schnell konnte man kaum hören, ja, und verschiedeneDinge,die also exemplarisch sind, die direkt den Kern treffen

te mich im Gebet nicht vorbereitet und dann hab ich also gesehen, daß das Mädchen auf dem Boden saß und nicht mehr sie selbst war, das war ne andere Persönlichkeit, die aus dem Mädchen heraussprach und auch die Stimme war nicht ihre eigene Stimme und das waren nun meine ersten Er-

tisch im Tonfall, in der Tonhöhe, trotz des verschiedenen Alters und trotzdem, daß sie eine Amerikanerin war

	1. Fallerzählung	2. Fallerzählung	3. Fallerzählung	4. Fallerzählung	5. Fallerzählung
Erzählphase: ff. II. Kernerzählung Konfliktlösung (+ Versuch)	sie saß auf dem Boden, ja, und benahm sich wie ein Frosch, spuckte auf den Boden, wir warn mit drei Leuten im Gebetsraum, und haben dafür gebetet ... und ich hab gemerkt, während des Gebets, daß mich etwas ansprang, das war körperlich und ich dachte, ich fall hinten rüber, das war also en direkter Angriff ... und hab ich einfach gemerkt, daß ich der ganzen Sache nicht gewachsen war, wir haben dann mit dem Pastor Kontakt aufgenommen und haben versucht, zu fasten, ei-	... und dann sind en paar Leute rübergegangen und haben den freigebetet, haben ne ganze Nacht durch gebetet mit dem. (Fortsetzung: zu 1:) haben dem Pastor Bescheid gesagt den Ältesten der Gemeinde und habe die dann freigebetet an einem Sonntag, hat ungefähr zwei Stunden gedauert und äh, direkt, wie Jesus auch sagt, den Dämonen direkt angesprochen, d.h. die veränderte Persönlichkeit in dem Menschen ... und die Dinger sind	und en paar Leute haben sofort über der Frau gebetet und dann war's Augenblick ruhig und dann fing sie auf einmal an zu schreien, nech, das ging dann nachher ziemlich unter, weil tausend Leute im Saal waren, die anbeteten und der Lehrer, der oben die Anbetung leitete, der hatte das wahrscheinlich auch gesehen und steuerte die ganze Sache, daß da nicht zu viel Leute geschockt wurden und dann hat man die nachher rausgebracht und die war ganz durcheinander und dann haben noch en paar	ja, und einige Leute sind freigebetet worden und andere nicht, woran's liegt, weiß ich im Augenblick bei einigen nicht, äh, und da sind diese gleichen Dinge wieder ... das war eine Sache im Gebetsraum, wo wirklich was loswar, ja, wenn da ein Außenstehender da reingekommen wäre, der von diesen Dingen keine Ahnung hätte, der wäre total geschockt gewesen, ganz klar nech.	und bei dem Jungen ist es nun so, daß ich gesagt habe, o.k., wenn du davon freiwerden willst: Totale Übergabe an Gott, äh, totales Hinwenden zu Gott und totale Kapitulation, weil sonst, weil man auch sonst den Schutz nicht hat ...

nen Tag gefastet, dann noch mal gebetet, und die Sache wurde immer schlimmer und wir sind einfach nicht durchgekommen,

... das war in der Zeit, wo wir dann nen Schlußpunkt setzen wollten und

nach und nach rausgekommen, da waren ne ganze Reihe von Dämonen da ...

Leute mit ihr gebetet noch im anderen Raum dann ...

	1. Fallerzählung	2. Fallerzählung	3. Fallerzählung	4. Fallerzählung	5. Fallerzählung
Erzählphase: III. Resolution	das war so die erste Sache, wo ich da Erfahrungen mit gemacht habe und dann hat mich die ganze Sache natürlich interessiert, weil ich eben merkte, ich hatte keine Vollmacht, ja. Und das war das.	(entfällt)	mir ist damals klargeworden, daß in der Kirche selbst, und das betrifft auch unsere eigene Gemeinde, jahrelang die Liebe Jesu gepredigt wurde, aber man nicht über den Feind gepredigt hat, daß der Feind also genau so real ist, wie Gott auch und daß dadurch der Satan mit diesen ganzen dämonischen negativen Mächten einen starken, starken Haken drinhatte in der Gemeinde selbst und äh mir ist damals klargeworden, wie wichtig es ist, einfach über solche Dinge zu predigen und zu lehren in der Gemeinde selbst.	und ich hab da das erste Mal gemerkt, daß ich Autorität über diese Dinge hatte, weil ich einfach jetzt wußte, wo der Feind, was der Feind tun kann.	und ich hab also, gerade an der Sache ist mir klargeworden, mit aller Deutlichkeit, daß die Bibel die Wahrheit ist, als ein Punkt, ja, ich hab vorher immer gelesen, ja, Jesus hat da Dämonen ausgetrieben, ich konnte mir nichts darunter vorstellen . . .

wenn in einer Erzählsynopse die jeweiligen Resolutionen verglichen werden: Dort wird ein Prozeß geschildert, der von anfänglicher Handlungsunfähigkeit bis zum vollen Ausbau eines Kompetenz-Sektors, also voll hergestellter Handlungs- und Deutungsfähigkeit in einer Krisensituation reicht.

Die eigentliche, letztlich situativ kompetenzgenerierende Krise selbst wird sprachlich nachempfunden, Signale dieser Krise deuten sich an auf der subjektiven Gefühlsebene (»man hatte einfach ein ungutes Gefühl« oder: »man hat irgendwie gespürt«). Der Eintritt der Krise selbst ist unvermittelt, bricht herein, gleichsam explosionsartig (»dann fing das auf einmal los« oder: »mitten drin fing auf einmal eine Frau an«). Zweifellos handelt es sich bei diesen Ereignissen, die der Proband als Okkultismus erfährt, nicht nur um Krisenereignisse der jeweils Betroffenen, es ist vielmehr ein Krisenereignis für den Probanden selbst und für sein Sinnsystem. Innerhalb der neuen, durch Konversion (darüber berichtet der Proband übrigens ebenfalls sehr ausführlich) erworbenen und angeeigneten Wirklichkeit ereignen sich unheilvolle Prozesse, die den gesamten sinnhaften Aufbau dieser religiös geprägten Lebenswelt bedrohen. Ein Mitglied der eigenen Gruppe, das mit dem Probanden die gleiche Entwicklung teilt und in der gleichen sinnhaften Lebenswelt lebt, wird von Mächten oder Kräften bestimmt, die beiden unerklärlich sind. Es ist der Einbruch von Chaos in eine sonst sinnhaft geordnete Welt. Es ist also keineswegs erstaunlich, daß die Okkultismusgeschichten auch sprachlich im Stil von Katastrophenberichten gehalten sind (»auf einmal«). Besessenheit innerhalb dieser Gemeinschaft bedeutet potentiell Sprengung dieser Wirklichkeit – und sie ereignet sich geradezu folgerichtig an der zentralsten Stelle dieser Gemeinschaft, innerhalb eines religiösen Handlungsvollzugs, im Gebet.

Nicht nur die (in der Erzählsynopse nachzulesenden) geschilderten Ereignisse und die zunehmende Handlungsfähigkeit des Probanden, sondern auch die Erzählbarkeit der Ereignisse selbst ist eine Form der Bewältigung dieser Krise. Ziel der gesamten Großerzählung ist es, die zunehmende Beherrschung und Bewältigung dieser an sich unbestimmten und bedrohlichen Ereignisse zu demonstrieren und zu vergewissern. Das wird deutlich, wenn wir uns den jeweiligen Beginn der Kernerzählung, als die Vorwarnung bzw. Vorstufe der dämonischen Explosion ansehen: In der 1. Fallerzählung werden diese Vorstufen als vage und undefinierbar erfahren (»man konnte nicht sagen, warum, man hatte einfach (!) ein ungutes Gefühl«). Schon die 2. Fallerzählung liest sich völlig anders. Der undefinierbare und unbestimmte Eindruck wird dem

Krisenphänomen selbst zugeordnet (»das, was in ihm war« also das Krisenphänomen, hier: der Dämon, spürt, »daß die Eltern einen anderen Wissensbereich haben«). Außerdem ist diese Erzählung bereits eingebaut in den Kontext zunehmender Professionalisierung des Erzählers selbst in diesem Bereich (»Spezialstudium«, »gute Literatur«). Der anfangs unbestimmbare und vage Eindruck wird in der 3. Fallerzählung endlich bestimmbar, unterliegt offenbar einer (inzwischen erkannten) Wenn-Dann-Gesetzmäßigkeit, diese Gesetzmäßigkeit gehört zum neuerworbenen Kompetenzbereich des Probanden (»wenn der Heilige Geist wirklich da ist, die Finsternis dann weichen muß, . . . daß dann Dinge zum Vorschein kommen, die vorher nicht zum Vorschein kommen«). In der Vorstufe zur 4. Fallerzählung demonstriert der Proband bereits prognostische Fähigkeiten (er »beobachtet« die Betroffenen und weiß, wer »belastet« ist). Die 5. Fallerzählung ist bereits der Ausschnitt aus einer professionellen Praxis (Unterhaltung mit dem Klienten und seiner Mutter).

Die Genese des vom Probanden rekapitulierten Kompetenz-Erwerbs wird noch deutlicher, wenn wir die jeweiligen Resolutionen parallelisieren. Die Anfangssituation ist durch eine Defizit-Erfahrung markiert (»ich hatte keine Vollmacht«). Diese unerwartete und unbewältigte Krisensituation ist gleichzeitig Auslöser und Motivation für den situativ bedingten Prozeß der Kompetenzausweitung. In dieser ersten Stufe besteht die Kompetenz lediglich in der Betroffenheit und subjektiv erfahrenen Zuständigkeit, nicht jedoch in der Befähigung zur Lösung der Krisensituation (»dann hat mich die ganze Sache natürlich interessiert«). Die nächste Stufe wird in der Resolution der 3. Fallerzählung präsentiert: die interpretative Bewältigung, also die Transformation des Unbestimmten in Bestimmtes, Einbettung und Integration in das eigene Sinnsystem durch Generalisierung (dadurch Bewältigung der Erweiterung des Sinnsystems) (»jahrelang die Liebe Jesu gepredigt wurde, aber man nicht über den Feind gepredigt hat«). Im Anwendungsfall, wie er dann in der 4. Fallerzählung dargestellt wird, folgt nach der Generalisierung die Respezifikation und Demonstration erworbener Kompetenz (»und ich hab da das erste Mal gemerkt, daß ich Autorität über diese Dinge hatte«). Die endgültige Bewältigung der Krise wird dadurch signalisiert, daß die Gültigkeit des Sinnsystems, das eben durch diese Krise bedroht war, als wiederhergestellt bzw. als weiterhin stabil bezeichnet wird (»daß die Bibel die Wahrheit ist«).

Die zur Krisenlösung angewendeten religiös bestimmten Handlungsstrategien werden innerhalb der Kernerzählung genannt: Hier sind es Fasten, Gebet (»freigebetet«), direkte Ansprache und Personifizierung der Krise (»den Dämon direkt angesprochen«), Konversion (»totales Hinwenden zu Gott und totale Kapitulation«). Logik und Wirkweise dieser Handlungsstrategien sind nur schwer auf Handlungsmuster der alltäglichen Lebenswelt zurückführbar, erschließen sich also vorrangig in religiöser Lebenswelt. Als Ursachen des Krisenphänomens werden jedoch sowohl alltagsweltliche Handlungsvollzüge als auch Handlungsmuster jenseits der Alltagswelt benannt. ». . . Möglichkeiten, wie die Dinger reinkommen (gemeint sind die Dämonen, die in den Menschen hineinkommen): Es kann durch offene Rebellion zum Beispiel gegen Vorgesetzte, gegen Autorität der Eltern oder so, die von Gott gesetzten Autoritäten (geschehen)«. Oder: »Wie wir später erfahren haben, sind die Sachen wahrscheinlich reingekommen durch okkulte Praktiken der Eltern, daß da ein Weg geöffnet wurde, die Mutter hatte Tischerükken gemacht, als sie schwanger war mit dem Mädchen und auch verschiedene andere okkulte Praktiken betrieben.« Die erworbene Kompetenz führt nicht dazu, daß die Möglichkeit einer solchen Krise ausgeschlossen wird, vielmehr ist ein Instrumentarium entwickelt worden, das in der Krise anwendbar und wirksam erscheint, also Handlungsmöglichkeiten in der Krise eröffnet. Die erworbene Kompetenz bleibt personal zentriert, als Wahrnehmung und Betroffenheit von bzw. durch die Krisensituation, deren Deutung als religiös relevant und die Befähigung, gültige Verarbeitung durch spezifisch religiöses Handlungsinstrumentarium zu gewährleisten.

Wir kommen zum Schluß: Divergenz und Interdependenz von Alltagswelt und religiöser Welt lassen sich an diesem empirischen Beleg deutlich nachzeichnen. Während die Krisensituation, die hier zur Generierung religiöser Kompetenz führte, in Strukturen der Standardzeit, also in der Zeitperspektive der Alltagswelt angebbar und lokalisierbar ist, erschließt sich das angewendete Krisenlösungsmuster kaum in Strukturen sozialer Handlungsstrategien. Die Gültigkeit dieser Lösung einer religiös relevanten Krise erschließt sich nur in der inneren Plausibilität des Sinnsystems. Die Bedeutsamkeit religiöser Kompetenz ist jedoch auch in Kategorien der Alltagswelt angebbar: Sie kann zur Wiederherstellbarkeit eines stabilen Sinnsystems führen, kann Erkenntnis- und Erlebnisstile der Alltagswelt als fragwürdig erscheinen lassen; Alltagswelt kann durch Entfaltung religiöser Kompetenz (und spätestens hier verlassen wir das empirische Beispiel) zur ›bedeutungslosen‹ Außenwelt absinken, alltägliche Lebenswelt kann dann ihre Selbstverständlichkeit verlieren. Aushaltbar ist eine solche Entwicklung jedoch wahrscheinlich nur, wenn damit eine Abkehr vom täglichen Leben verbunden ist (z. B. Einsiedelei). Alltagswelt kann jedoch unter der Perspektive der Entfaltung religiöser Kompetenz auch zum Bewährungshorizont werden: Religion garantiert einen gültigen und schlüssigen Umgang mit den Grenzen alltäglicher Lebenswelt, ermöglicht Entlastung und Reintegration in Alltagswelt. Religiöse Welt und Alltagswelt stehen in einem offenbar unauflösbaren Zusammenhang: Religiöse Welt ohne Alltagswelt ist irreal, Alltagswelt ohne religiöse Welt ist banal.

Helmut Geller

Modell zur Erklärung der Bedeutung von Kirchen in der Alltagswelt

1. Die Kirchen als Elemente der Alltagswelt

Volkskirchlich institutionalisierte religiöse Wissenssysteme werden von ihren Mitgliedern als Bestandteil der Alltagswelt erfahren. Religion wird vorwiegend unter pragmatischen Gesichtspunkten, insbesondere unter dem Aspekt, ob die religiösen Deutungsschemata dem einzelnen helfen, zu verstehen und selbst verstanden zu werden, rezipiert. Solange sich solche Deutungsschemata in der Interaktion bewähren, werden sie fraglos und unbefragt akzeptiert. Sie bewähren sich dann, wenn sie dem einzelnen Interaktionspartner als Anweisungsschemata dienen, d. h. als Vorschrift, eine bestimmte Handlung zu setzen, wenn er ein bestimmtes Ziel erreichen will. Gleichzeitig müssen sie dem anderen Interaktionspartner als Auslegungsschemata dienen, d. h. sie müssen, wenn sie diese Handlung beobachten, auf das Ziel, auf das der andere die Handlung ausrichtet, schließen können. Liegt diese Reziprozität vor, so hilft das Deutungsschema, die Interaktion fortzuführen, dann wird das Deutungsschema als selbstverständliches Routinewissen hingenommen. Es ist zwar nicht bewußt und daher nur schwer verbalisierbar, aber dennoch handlungsleitend.

Erst wenn sich die Deutungsschemata in der Interaktion nicht mehr bewähren, werden sie in den Bewußtseinszustand überführt. In diesem Fall liegt die Grundvoraussetzung alltäglicher Wissensbestände, das Merkmal ›Bekannt in Gemeinsamkeit mit anderen‹ (Garfinkel)[1] nicht mehr vor, so daß die Wissensbestände aus dem vorbewußten in den bewußten Zustand überführt werden müssen, um die Interaktion weiterzuführen. Ist dies durch eine geringfügige Änderung des Deutungssystems möglich, so wird die neue Lösung wieder in eine Routine überführt, ohne daß das Deutungssystem als Ganzes in Frage gestellt wird. Gelingt dies aber nicht, so wird das Deutungssystem kritisiert und die Kritik schrittweise bis zu den Grundstrukturen des Deutungssystems ausgedehnt.[2]

Wenn die Kirchen als Elemente der Alltagswelt erfahren werden, ist es notwendig, ein Modell über die Struktur der Alltagswelt zu entwickeln, um die Bedeutung der Kirchen für individuelles Handeln im Alltag zu erklären. Hier kommt es vor allem darauf an, die Beziehung zwischen Alltagswelt und Sozialstruktur zu erfassen, da die Sozialstruktur die Deutungsschemata wesentlich beeinflußt. Vor allen Dingen regelt sie, welche Deutungsschemata in einer Gesellschaft dominant sind. Um das aufzeigen zu können, soll zunächst die Struktur der Alltagswelt schrittweise analysiert werden.[3]

Der einzelne bedient sich der Deutungsschemata seiner Alltagswelt in seinen primären Beziehungen, d.h. in den Beziehungen, in denen er mit anderen Personen ohne Zwischenglieder in regelmäßige Interaktion tritt[4]. In diesen Beziehungen übernimmt, interpretiert und bildet der einzelne seine Deutungsschemata; in diesen Beziehungen müssen sie sich bewähren, sie müssen ihm helfen, zu verstehen und selbst verstanden zu werden.

Die Deutungsschemata werden durch Typisierung gebildet. Diese Typisierungen sind sozial vermittelt und sozial abgeleitet bzw. an die Bewährung in sozialen Kontexten gebunden. Jede Typisierung besteht aus einem Vergleich von für einen bestimmten Zweck relevanten Merkmalen, wobei der Typus für diesen Zweck gebildet wurde[5] und die individuellen Unterschiede des typisierten Gegenstandes, die für diesen Zweck nicht von Bedeutung sind, außer acht bleiben.

2. Die Gruppenbildung von Typisierungssystemen

Typisierungssysteme sind gruppengebunden. Innerhalb der Gruppe bestimmen sie, was als typisch gleich zu behandeln ist, welcher Einheit ein Gegenstand, ein Ereignis oder eine Handlung zuzuordnen ist. Über die Einordnung in solche Einheiten werden der Gegenstand, das Ereignis oder die Handlung klassifizierbar, da mit diesen Einheiten bestimmte typische Eigenschaften bzw. Verhaltensweisen verbunden werden, die auch vom subsumierten Gegenstand erwartet werden. Die Gesamtsumme der verschiedenen Typisierungen konstituiert einen Bezugsrahmen, durch den die Welt ausgelegt wird. Dieser Bezugsrahmen braucht nicht konsistent zu sein. Er muß es nur ermöglichen, für die Lösung der meisten praktischen Probleme Verwendung finden zu können.

Ein Problem ist nie isoliert. Es befindet sich immer in einem Feld anderer Probleme, mit denen es zu einem System verbunden ist[6]. Ein Problem kann unter verschiedenen Gesichtspunkten typisiert werden. Alle Typisierungen, die sich auf dasselbe Problem beziehen, gehören nach Schütz[7] demselben Relevanzbereich an. Ein

Relevanzbereich konstituiert einen Komplex miteinander verbundener Probleme. Er definiert die Grenzen, innerhalb derer ein Problem als genügend gelöst erscheint; er definiert die problemrelevanten Merkmale und grenzt die anderen Elemente als Daten, als unbefragte, aber befragbare Tatsachen aus. Damit grenzt ein Relevanzbereich den Bereich, der zur Lösung eines Problems typisiert wird, von dem, der untypisiert bleibt, ab.

Der Bereich der Alltagswelt ist nun dadurch charakterisiert, daß er ein sozial anerkanntes System von Typisierungen bereitstellt. Er konstituiert auch eine besondere Struktur von Relevanzbereichen, die auch als selbstverständlich hingenommen wird[8]. Er bestimmt also, welche Probleme sinnvoll miteinander verknüpft werden können und welche nicht verknüpft werden dürfen[9]. Zur Strukturierung der Relevanzbereiche in der Alltagswelt gehört aber nicht nur, daß die verschiedenen Relevanzbereiche gegeneinander abgegrenzt werden (z. B. Arbeitswelt und Freizeit), sondern die Relevanzbereiche werden in der Alltagswelt in eine bestimmte Ordnung zueinander gestellt (erst die Arbeit, dann das Spiel).

Diese Ordnung wird dadurch komplizierter, daß in der Alltagswelt gleichzeitig mitinstitutionalisiert ist, daß andere Gruppen andere Typisierungssysteme haben, die Relevanzbereiche anders abgrenzen und in eine andere Ordnung stellen. Diese Typisierungssysteme werden von den »Bewohnern« einer bestimmten Alltagswelt mit bestimmten Gruppen identifiziert. Durch die Zugehörigkeit oder Zurechnung zu solchen Gruppen wird vom einzelnen erwartet, daß er sich gemäß den diesen Gruppen zugeschriebenen Typisierungssystemen verhält. Über solche Zugehörigkeiten oder Zurechnungen wird nun der einzelne, auch wenn er individuell als Person nicht bekannt ist, also unabhängig vom Träger der Eigenschaften, als Typ einer Summe von Personen gleichen Status zugerechnet[10].

2.1. Soziale Lagerungen als Gruppen mit bestimmten Typisierungssystemen

Es gibt nun Gruppen, mit denen ganze Typisierungssysteme, also die Abgrenzung der Relevanzbereiche und deren Ordnung, verbunden werden, und Gruppen, die sich innerhalb eines vorgegebenen Relevanzbereiches organisieren. Die letzteren werden im folgenden als »Zweckgruppen« (z. B. Betrieb, Sportverein) bezeichnet. Ihre Abgrenzung läßt sich über Zweckformeln beschreiben. Schwieriger ist die Abgrenzung der ersten Gruppenart. K. Mannheim[11] versucht sie mit dem Begriff »soziale Lagerung« zu erfassen.

»Soziale Lagerungen« sind dadurch charakterisiert, daß sie infolge spezifischer Merkmale die Individuen »auf einen bestimmten Spielraum möglichen Geschehens beschränken und damit eine spezifische Art des Eingreifens in den historischen Prozeß nahelegen. Eine jede Lagerung schaltet also primär eine große Zahl der möglichen Arten und Weisen des Erlebens, Denkens und Fühlens, Handelns überhaupt aus und beschränkt den Spielraum des sich Auswirkens der Individualität auf bestimmte umgrenzte Möglichkeiten. Aber mit dieser Fixierung der negativen Beschränkung ist noch nicht alles erfaßt. Es inhäriert einer jeden Lagerung im positiven Sinne eine Tendenz auf bestimmte Verhaltungs-, Gefühls- und Denkweisen.«[12]

Nach Mannheim befindet man sich in solchen Lagerungen, und es ist sekundär, ob man sich ihnen zurechnet oder nicht[13]. Auch ist es nicht notwendig, daß man ein Bewußtsein dieser Lagerung hat. Dies kann vielmehr unter bestimmten Bedingungen aus einer solchen Lagerung erwachsen und der Lagerung ein besonderes Gepräge geben[14].
Die Zuordnung der Zugehörigkeit zu einer bestimmten Lagerung und deren Verhaltens-, Gefühls- und Denkweisen beschreibt Mannheim mit dem Begriff »Fundierung«. Damit ist keine Determination gemeint:

»Durch etwas fundiert sein, bedeutet aber noch nicht, aus ihm ableitbar, in ihm enthalten sein. Das Phänomen, das durch ein anderes fundiert ist, könnte zwar nicht ohne es bestehen, es enthält aber in sich ein dem fundierenden gegenüber unableitbares, qualitativ eigenartiges Superadditum.«[15]

Die Beziehung zwischen dem Fundierenden und dem Fundierten bleibt ziemlich unbestimmt. Mannheim schreibt, daß die einer Lagerung inhärierende Tendenz von anderen Lagerungen verdrängt werden kann, in sie eingebettet sein oder von ihr modifiziert werden kann[16].
Im weiteren Verlauf der Arbeit wird in Anlehnung an K. Mannheim der Begriff der »sozialen Lagerung« verwandt. Dadurch soll deutlich werden, daß bestimmte Vorstellungen an soziale Korrelate, die aber nicht organisiert zu sein brauchen, aber organisiert sein können, geknüpft sind. Wenn sich eine Lagerung organisiert, ändert sich ihr Lagerungscharakter, da dann die lagerungsspezifischen Eigenheiten ihren Trägern bewußter werden. Erst auf dem Hintergrund dieser durch die sozialen Lagerungen bestimmten Erfahrungszusammenhängen und deren Typisierung und Generalisierung zu Weltbildern kann sich die Gesellschaft funktional ausdifferenzieren. Je nachdem, zu welcher Lagerung man gehört, definiert man die Grenzen der einzelnen Relevanzbereiche, die die Rollenzusammenhänge konstituieren, verschieden. Die mit den

Lagerungen verbundenen Weltbilder bestimmen also die Vorstellungen, wie eine Gesellschaft funktional ausdifferenziert werden soll. Sie bestimmen die Vorstellungen von Gleichheit und Gerechtigkeit[17].

2.2. Die Fundierung sozialer Lagerungen auf bestimmten Merkmalen

Es stellt sich jetzt die Frage, woran man soziale Lagerungen erkennen kann.
Die ›Fundierung‹ sozialer Lagerungen kann an bestimmten Merkmalen biologischer (z. B. Geschlecht, Alter, Rasse, Abstammung) oder sozialer Art (z. B. Stellung im Produktionsprozeß, Mitgliedschaft in bestimmten Gruppen) aber auch an Krankheit[18] erfolgen.
Die Bindung eines Systems von Typisierungen und Relevanzbereichen an bestimmte Merkmale legt die Gefühls-, Denk- und Verhaltensweisen nicht notwendig fest. So sind z. B. in allen Gesellschaften mit dem Geschlecht bestimmte Vorstellungen der Verhaltens-, Gefühls- und Denkweisen verknüpft, doch sind diese Erwartungen in den verschiedenen Gesellschaften verschieden. Diese Vorstellungen sind zwar in der Weise, wie sie erfolgen, nicht notwendig, aber dennoch werden sie, wenn die Verknüpfung stattgefunden hat, verhaltensrelevant.
Die Träger dieser Merkmale stehen in verschiedenen Erfahrungszusammenhängen. Werden diese Erfahrungszusammenhänge durch Typisierung generalisiert, kommt es zu verschiedenen Weltbildern. Neue Erfahrungen werden dann auf diese Typisierungen bezogen. Daher werden gleiche Situationen von den Mitgliedern verschiedener Lagerungen verschieden verarbeitet[19].
Die Sozialstruktur einer Gesellschaft kann nun dadurch bestimmt werden, auf welchen Merkmalen die sozialen Lagerungen fundiert werden[20].
Die Verknüpfung bestimmter Merkmale mit Vorstellungen, die Welt in einer bestimmten Weise zu erleben und zu deuten, kann nun durch die Träger dieses Merkmals selbst geschehen, sie kann aber auch durch andere erfolgen. Im ersten Fall liegt eine Selbst-, im zweiten Fall eine Fremdtypisierung vor. Selbst- und Fremdtypisierung können sich, brauchen sich aber nicht zu entsprechen. Sie stehen je nach Machtverhältnissen in einem mehr oder weniger starken Interdependenzverhältnis. Ob eine Selbst- oder Fremdtypisierung vorliegt, läßt sich daran erkennen, ob die Träger dieses Merkmals mit diesem Merkmal ein Wir-Bewußtsein verbinden

oder nicht. Selbsttypisierungen führen zu einem Wir-Bewußtsein, Fremdtypisierungen zu einem Die-Bewußtsein.
Fallen Selbst- und Fremdtypisierung auseinander, so ist das so lange ohne Bedeutung, wie die Fremdtypisierten nicht der Kontrolle der Typisierenden unterworfen sind[21]. Hat aber die Fremdgruppe die Möglichkeit, die Personen, die sie aufgrund eines bestimmten Merkmals typisiert, zu kontrollieren, dann wird diese Typisierung auch für die so Typisierten relevant. Sie müssen sich mit diesen Typisierungen auseinandersetzen, sie können sogar gezwungen werden, ihr Relevanzsystem völlig umzustrukturieren. Als Beispiel für einen solchen Prozeß führt A. Schütz die Juden in Deutschland zur Zeit der nationalsozialistischen Herrschaft an:

»Personen, die sich selbst für gute Deutsche hielten und alle Bindungen an das Judentum aufgegeben hatten, fanden sich plötzlich durch Hitlers Nürnberger Gesetze zu Juden deklariert und wurden als solche aufgrund der Herkunft ihrer Großeltern behandelt – eine Tatsache, die bis dahin völlig irrelevant war.«[22]

Dieses Beispiel verdeutlicht den Prozeß der Fundierung: Den Trägern eines bestimmten Merkmals werden von einer Gruppe, die sie kontrollieren kann, bestimmte Eigenschaften zugeschrieben, ohne daß sie sich selbst dieser Eigenschaften bewußt gewesen wären und sich selbst aufgrund dieses Merkmals typisiert hätten. Doch wird ihnen diese Typisierung auferlegt. Sie schafft für sie eine gemeinsame Situation, einen gemeinsamen Erfahrungszusammenhang, auf die sie reagieren müssen. Die so geschaffene gemeinsame Situation führt insbesondere dann, wenn die Ordnung der Relevanzbereiche durch die auferlegten Relevanzen umstrukturiert werden sollen, zur Selbsttypisierung auf der Grundlage des Merkmals, das der Fremdgruppe Anlaß zur Typisierung gibt, um durch die Selbsttypisierung und die daraus folgende Gruppenbildung die Auferlegung der Fremdtypisierungen abzuwehren.

2.3. Die Alltagswelt als Synthese verschiedener sozialer Lagerungen

Nun können solche Typisierungen, die zu bestimmten Lagerungen führen, auf verschiedenen Merkmalen fundiert werden. Eine Person kann demnach Träger mehrerer Merkmale sein, die jeweils verschiedene Lagerungen, denen verschiedene Deutungssysteme zugeschrieben werden, fundieren. Die Alltagswelt stellt eine Synthese aus verschiedenen solchen Lagerungen inhärierenden Tendenzen dar. Von hier aus ergibt sich, daß die Alltagswelten ver-

schiedener Individuen und Gruppen unterschieden werden können und müssen. Dabei kann eine bestimmte Alltagswelt durch die Anordnung der verschiedenen Lagerungen gekennzeichnet werden. Die sich aus dieser Anordnung ergebende Synthese wird vom ›Bewohner‹ dieser Alltagswelt als Einheit erfahren.
Die Bewohner dieser Alltagswelt erfahren diese Denkweise als selbstverständlich. Sie verbinden diese Denkweise mit der Ordnung des Gesamtkosmos[23] zu ihrem Weltbild. Dieses Weltbild verleiht der Welt seiner Träger Sinn. Es umschreibt also die Sinngrenzen dieser Alltagswelt. Es ist partikulär, denn es ist an eine bestimmte Gruppe gebunden, erhebt aber universellen Anspruch. Anders als bei den Systemgrenzen von Zweckgruppen sind die Grenzen der Alltagswelt auch Interaktionsgrenzen.
Man könnte nun annehmen, daß sich die Alltagswelt jedes Individuums von der jedes anderen unterscheide. Bei einer solch weitgehenden Differenzierung würde die Alltagswelt eines Individuums mit seinem individuellen Bewußtsein zusammenfallen. Damit aber verlöre nicht nur der Begriff Alltagswelt seinen heuristischen Wert, vielmehr stellt die Alltagswelt eine ›verdinglichte‹ Welt dar[24]. Da die Alltagswelt als eine ›Objektivation‹ bzw. ›Verdinglichung‹ erfahren wird, läßt sich auch von ihren ›Bewohnern‹ oder ›Trägern‹ sprechen. Das Verhältnis des Individuums zu seiner Alltagswelt kann als dialektisch bestimmt werden. Einerseits ist die Alltagswelt von Menschen geschaffen, andererseits formt sie wiederum das Bewußtsein ihrer Bewohner[25].
Das Schema der Weltdeutung wird in der in-group als evident und als Produkt der Vernunft angesehen. Störungen dieser Ordnung stellen also Grenzverletzungen dieser Sinnwelt dar. Sie werden dem, der diese Ordnung stört, zugeschrieben. Da aber die eigene Ordnung als selbstevident angesehen wird, wird der, der diese Ordnung nicht anerkennt oder bestätigt, häufig als ›minderwertig‹ angesehen. Seine Verhaltensweisen werden seiner ›Dummheit‹ oder ›Böswilligkeit‹ zugeschrieben. Daher muß er zur Anerkennung der gruppenspezifischen Deutungsschemata erzogen werden; die Deutungsschemata der in-group müssen ihm auferlegt werden. Die ›Bewohner‹ einer Alltagswelt haben also die Tendenz, ihre Deutungsschemata als allgemeinverbindlich anzusehen und diesen Allgemeinverbindlichkeit, zumindest in ihrem Erfahrungsbereich, zu verleihen.
Das Wissen um diese Weltauslegung ist gruppenspezifisch. Andere Gruppen fundieren ihre Typisierungen auf anderen Merkmalen, erzeugen andere Relevanzbereiche und andere Ordnungen der Relevanzbereiche. »Andere Götter offenbaren anderes Recht, an-

dere Vorstellungen vom guten Leben, andere Dinge sind geheiligt oder tabuisiert, es werden andere Sätze des Naturrechts angenommen.«[26]

Den Bewohnern anderer Alltagswelten sind daher die Selbstverständlichkeiten der in-group nicht selbstverständlich. Da sie deren Verhaltensweisen an ihren Deutungsschemata messen, erscheinen sie ihnen unverständlich und unvernünftig.

3. Die Beziehungen zwischen verschiedenen Alltagswelten

Nun bedroht die Existenz alternativer Deutungsschemata die Plausibilität des eigenen. Die Konfrontation mit anderen Weltbildern macht deutlich, daß der universelle Anspruch des eigenen Weltbildes nicht durchgehalten werden kann. Anweisungsschemata und Auslegungsschemata sind in der Interaktion mit Mitgliedern anderer Alltagswelten nicht mehr identisch. Von hier aus sind die Reaktionen der Interaktionspartner nicht mehr sinnvoll zu deuten. In diesem Fall kommt es zu einem Konkurrenzkampf zwischen den verschiedenen Alltagswelten, in dem jede der anderen ihre Deutungsschemata auferlegen will.

3.1. Die Überlappung verschiedener Alltagswelten

Um die Beziehungen, die sich aus dieser Konkurrenz für die Alltagswelten ergeben, darstellen zu können, muß die Struktur der Alltagswelt weiter differenziert werden. Bisher ist aus analytischen Gründen so verfahren worden, als seien in-group und out-group der Alltagswelten klar voneinander abgrenzbare Größen. Davon muß aber abgesehen werden. Es ist bereits erwähnt worden, daß mit bestimmten Merkmalen bestimmte Typisierungssysteme verknüpft werden. Diese Typisierungssysteme schaffen für die aufgrund dieser Merkmale Typisierten gemeinsame Situationen. Damit ist noch keine allgemeine Determination gegeben, denn ein einzelner kann nach verschiedenen Merkmalen sich typisieren oder typisiert werden. Je nachdem, wie er typisiert wird, werden ihm verschiedene Deutungssysteme zugeschrieben, werden von ihm verschiedene Verhaltensweisen erwartet, wird er verschiedenen Lagerungen zugeschrieben. Er kann z. B. als Katholik oder als Arbeiter typisiert werden. Ob er als Katholik oder als Arbeiter, als Arbeiter, der katholisch ist, oder als Katholik, der Arbeiter ist, typisiert wird, hängt außer von der Situation vom Relevanzsystem dessen, der ihn typisiert, ab. Je nachdem, wie er typisiert wird,

wird er verschieden abgegrenzten Lagerungen oder verschiedenen Lagerungen primär zugerechnet, werden an ihn verschiedene Erwartungen gestellt.
Seine Verhaltensweisen selbst hängen davon ab, wie er sich selbst typisiert, welcher Mitgliedschaft er die Priorität einräumt, d. h. durch welche Mitgliedschaft, durch welche Deutungsschemata, er seine Situation am besten definiert findet. Der übergeordneten Lagerung räumt er also die Möglichkeit ein, die Autonomie der anderen Lagerungen auf bestimmte Bereiche zu begrenzen. Von hier aus erklärt sich, wieso die einer bestimmten Lagerung inhärierenden Tendenzen von anderen Lagerungen modifiziert oder verdrängt werden können.

Dieser Sachverhalt läßt sich am Beispiel des katholischen Arbeiters verdeutlichen: Fühlt sich die betreffende Person primär als Katholik, die dazu noch Arbeiter ist, so wird sie von der Kirche ihre Werthierarchie übernehmen, in der den Arbeiterorganisationen, z. B. den Gewerkschaften, eine bestimmte, klar abgrenzte Funktion zugewiesen ist, z. B. die Erhöhung der Löhne und die Verbesserung der Arbeitsbedingungen. Zu diesem Zweck kann sich aus der Sicht der Kirche die Gewerkschaft organisieren, in diesem Bereich wird ihr Autonomie zugestanden; sie darf aber ihre Zwecke nicht über diesen Bereich ausweiten. Umgekehrt verhält es sich, wenn der Betreffende sich primär als Arbeiter und dann als Katholik definiert. Dann weist er den Arbeiterorganisationen die Aufgabe zu, die Relevanzbereiche abzugrenzen. Kirche wird dann als abgrenzter Relevanzbereich akzeptiert und z. B. auf die Kultfunktion begrenzt[27].

3.2. Die Ordnung der einzelnen Lagerungen als Ergebnis von Machtverhältnissen

Haben Lagerungen Organisationen gebildet, in unserem Beispiel Kirche und Gewerkschaften, so werden diese versuchen, dominant zu werden und den anderen ihre Relevanzen aufzuerlegen. Sie werden versuchen, die Erfahrungszusammenhänge, die zu anderen Weltbildern führen können, in ihr Weltbild als begrenzte Relevanzbereiche einzuordnen.
Die Möglichkeit einer Lagerung, anderen Relevanzen aufzuerlegen, hängt von ihrem Organisationsgrad ab, weiter davon, welche Leistungsziele die Organisation der Lagerung im Vergleich zu anderen verfolgt, welche Leistungsmittel sie im Vergleich zu anderen zur Verfügung stellt, vorenthält oder erzwingt, wie wichtig ihre Leistungsziele von anderen eingeschätzt werden, und wie wichtig ihre Leistungsmittel im Vergleich zu den Mitteln anderer organisierter Lagerungen sind[28], und außerdem davon, wie leicht die von ihr

bereitgestellten Leistungsziele und Leistungsmittel substituierbar sind.

Die Macht einer Gruppe, d. h. die Möglichkeit, anderen Gruppen ihre Relevanzen aufzuerlegen, wird um so größer, je mehr es ihr gelingt, bestimmte Leistungen, die auch andere hochschätzen, zu verknappen und die Verteilung dieser Leistungen zu monopolisieren. Von daher ist die Macht der Organisation einer Lagerung größer, wenn sie bestimmte Leistungen monopolisieren kann. Die Kirchen können die Legitimationen regulieren, sie haben in den westlichen Ländern ein Ritenmonopol zur Sinngebung von Grenzsituationen[29], usw. Der Einfluß wird verstärkt, wenn die Gruppe ihre Leistungsbereiche erweitert. So sind z. B. in der Bundesrepublik Deutschland die Kirchen außer im Kultbereich auch nur schwer ersetzbare Anbieter im Gesundheitswesen, im Kindergartenbereich, der Schule und der Jugend- und Altenbetreuung. Durch die Möglichkeit, die Leistungen in diesen Bereichen interessenspezifisch zu beeinflussen, die Leistungserbringung zu verstärken oder zu reduzieren, erhalten sie die Möglichkeit, ihre Relevanzen anderen aufzuerlegen[30].

3.3. Die Bedeutung des politischen Bereichs für die Anordnung verschiedener Lagerungen

Der strategisch wichtigste Bereich, über den anderen Gruppen Relevanzen auferlegt werden können, ist das politische System. Da zur Auferlegung von Relevanzen die Möglichkeit der Gewaltanwendung[31] und die Rechtsetzung, beides Monopole des Staates, überragende Bedeutung haben, streben alle organisierten Lagerungen danach, Einfluß auf die Staatsorgane zu erhalten.

Wird in einer Gesellschaft dem Staat die Funktion eingeräumt, die Autonomie der einzelnen Gruppen zu begrenzen, damit aber die Abgrenzung der Relevanzbereiche erzwingbar zu leisten, so müssen die Gruppen, die die Relevanzbereiche anders definieren wollen, die Abgrenzung politisieren. Politisierung bedeutet in diesem Sinne nicht „Rückgängigmachung der Differenzierung"[32], sondern Neudifferenzierung, Neufestlegung der Relevanzbereiche und damit Neudefinition von Sinngrenzen. Von hier aus wird dann verständlich, warum Gruppen, die auf die Festlegung der Relevanzbereiche Einfluß nehmen wollen oder die eine Neudefinition verhindern wollen, Parteien bilden oder auf anderen Wegen das politische System zu beeinflussen suchen.

Diejenigen, die eine Neudefinition erreichen wollen, werden versuchen, die Grenzdefinitionen zu politisieren, diejenigen, die die

Grenzen beibehalten wollen, werden die Politisierung zu verhindern suchen und das Problem als unpolitisch definieren.

3.4. Die Wirkungen von auferlegten Änderungen von Typisierungssystemen

Mit der Änderung der Relevanzbereiche tritt eine Verunsicherung der Mitglieder ein, denn damit werden neue Sinnbeziehungen konstituiert, die die alten Verhaltensorientierungen umstrukturieren. Deshalb muß eine Gruppe, die eine Änderung anstrebt, gleichzeitig Möglichkeiten bereitstellen, Sicherheit zu erzeugen[33].
Diejenigen, die bestehende Grenzen von Relevanzbereichen ändern wollen, müssen also, um dabei mit Unterstützung rechnen zu können, gleichzeitig die Sicherheit, die ihre neue Ordnung verleiht, plausibel machen. Da die Sicherheit, die ein bestehendes System verleiht, erfahrbar ist, hat das Bestehende meistens den größeren Plausibilitätswert, die größere Organisationsfähigkeit, zumal dann, wenn die Betroffenen in diese Ordnung Eigenleistungen investiert haben. Von hier aus sind Äußerungen von Grenzen der institutionalisierten und rechtlich abgesicherten Relevanzbereiche nur in geringem Ausmaß plötzlich möglich, ohne daß mit Widerstand gerechnet werden muß.
Tritt eine solche plötzliche Änderung der Ordnung der Relevanzbereiche ein, indem den Bewohnern einer bestimmten Alltagswelt Relevanzen auferlegt werden, so werden diese versuchen, Widerstand zu leisten. Die Stärke des Widerstandes ist davon abhängig, wie stark die auferlegten Zwänge das Relevanzsystem der Betroffenen umstrukturieren würden, wie viele Personen von dieser Umstrukturierung negativ betroffen sind, welche Leistungen die Widerstand-Leistenden reduzieren können, um die Herrschenden zu sanktionieren, und wie organisationsfähig der Widerstand ist.
Werden mehrere soziale Lagerungen von den Zwängen gleichzeitig betroffen, so wird der Widerstand in der Lagerung thematisiert, die am organisationsfähigsten ist und die meisten Mitglieder umfaßt. Auch wenn der Widerstand zur Abwehr auferlegter Relevanzen organisiert wird, hat er dennoch eine Umstrukturierung des Relevanzsystems der Widerstand-Leistenden zur Folge. Denn die Werte der Lagerung, in deren Sprache der Widerstand thematisiert wird, werden aufgewertet. Die Organisation dieser Lagerung kann ihre Leistungsziele ausweiten und erhält durch diese Veränderungen auch ein größeres Sanktionspotential gegenüber ihren Mitgliedern. Sie wird politisch aufgewertet, da sie ihre Mitglieder besser mobilisieren kann.

Gibt die Lagerung, in deren Sprache der Widerstand organisiert wird, anderen Lagerungen in ihrem Rahmen einen gewissen autonomen Raum, sich zu organisieren – in Abwehrsituationen ist, um die Unterstützung der Abwehr auf eine breitere Basis auszudehnen, die Bereitschaft dazu größer –, so hat sie die Möglichkeit, die konkrete Typisierung, mit der die so eingeordneten Lagerungen ihre Situation definieren, maßgeblich zu beeinflussen[34]. Die Abwehr der von außen auferlegten Relevanzen veranlaßt die Mitglieder der sich wehrenden Gruppe, ihr eigenes Relevanzsystem so umzustrukturieren, daß die Merkmale, die sie von der bedrohenden Gruppe unterscheiden, besondere Handlungsrelevanz erhalten, während die internen Differenzierungen an Handlungsrelevanz einbüßen, was zur Homogenisierung der Gruppe und zu geringerer Toleranz gegenüber Abweichlern führt.
Die Beeinflussung der Typisierungssysteme von über- und untergeordneter Lagerung ist aber nicht einseitig. Vielmehr gehen auch die Interessen der untergeordneten Lagerung in das Typisierungssystem der übergeordneten Lagerung ein. Da die Alltagsgewalt als Einheit erfahren wird, ist es für ihre Bewohner schwer zu unterscheiden, welche Elemente der Situationsdefinition konkret welcher Lagerung zuzuschreiben sind. Daraus ergeben sich Probleme für die Abgrenzung, da durch die Überlagerung verschiedene Definitionen der Relevanzbereiche innerhalb einer Lagerung erfolgen können, die alle über dieselbe Mitgliedschaft legitimiert werden, so daß das Typisierungssystem seine Orientierungssicherheit verliert, da aus derselben Mitgliedschaft verschiedene Situationsdefinitionen abgeleitet werden[35].

3.5. Die Organisation dominanter Lagerungen

Schwieriger wird es für eine soziale Lagerung, sich als solche zu organisieren, wenn sie selbst direkten Einfluß auf die Politik ausübt, wie es auf die Protestanten im Deutschen Reich zutraf. Sie organisierten sich nicht auf religiöser, sondern auf nationaler Ebene, wobei sie nationales Denken mit Protestantismus identifizierten[36]. Für die Protestanten war die Organisation auf nationaler Ebene von Vorteil[37], da sie damit ihren Legitimitätsanspruch auch auf die Katholiken, die ja auch dem Nationalstaat angehörten, ausdehnen konnten. Sie bestritten den Katholiken das Recht, sich auf religiöser Basis gesellschaftspolitisch zu organisieren, und bezeichneten sie, da diese Organisation dennoch stattfand, als schlechte Staatsbürger. Durch die Organisation auf nationaler Ebene, der Ebene, auf der sie die allgemeinste Übereinstimmung annahmen, legitimierten sie den Anspruch, ihr Relevanzsystem den anderen Lagerungen aufzuerlegen. H. Popitz zeigt auf, daß sich die Legitimitätsgeltung zunächst in einer sozialen Horizontalen ausbildet als wechselseitige Bestätigung zwischen Gleichen, als Konsensus der Privilegierten über die Gültigkeit der Ordnung, die sie privilegiert. Die Ausdehnung des Legitimitätsprinzips in vertikaler Richtung braucht erst später zu erfolgen[38]. Erst als mit dem ersten Weltkrieg eine Bedrohung des Nationalstaates von außen gegeben war, konnten sich die anderen Gruppen rechtlich emanzipieren, da sie zur Unterstützung der allgemeinsten Lagerung gebraucht wurden[39].

Da die Protestanten den entscheidenden Einfluß auf das politische System ausübten, war es für andere Gruppen schwer, ihnen Relevanzen aufzuerlegen. Daher konnten die Protestanten andere Strategien zur Sicherung ihrer alltäglichen Deutungsschemata anwenden. Sie konnten ein gewisses Maß an Toleranz im Innern dulden und bei klarer Abgrenzung von den Katholiken ihren Zusammenhalt durch ein Elastischhalten ihrer Grenzen und Strukturen erhalten[40]. Daher ist der deutsche Protestantismus weniger stark auf religiöser Ebene organisiert als der Katholizismus. Überlagerungen sozialer Lagerungen sind aber nur dann möglich, wenn die Merkmale, auf denen die Lagerungen fundiert werden, in verschiedenen Dimensionen liegen. Liegen die Merkmale, die die Lagerungen fundieren, aber in einer Dimension, so schließen sich die Mitgliedschaften gegenseitig aus. Dies ist z. B. bei Parteimitgliedschaften oder Religionsgemeinschaften der Fall. Liegen solche Lagerungen vor, so kann sich das Verhältnis zwischen den Gruppen auf verschiedene Weise gestalten. A. Schütz[41] nennt vier mögliche Arten dieses Verhältnisses:

1. Durch starken Informationsaustausch kommt es zu einem Akkulturationsprozeß;
2. eine Gruppe kann sich in ihrem Typisierungssystem der anderen Gruppe anpassen;
3. die Gruppen kapseln sich voneinander ab;
4. eine Gruppe versucht, ihr Typisierungssystem der anderen durch Gewalt aufzuerlegen.

3.6. Thesen zur Struktur der Alltagswelt

Als Ergebnis dieser Erörterung lassen sich folgende Thesen bilden:

Die Alltagswelt ist eine Synthese aus bestimmten, den sozialen

Lagerungen (z. B. Religion, Klasse oder Schicht, Nation) inhärierenden Tendenzen, die die Lebensweise beeinflussen, oder anders gesagt, zu ähnlichen Typisierungssystemen führen, die eine bestimmte Abgrenzung und Ordnung der Relevanzbereiche erstellen.

Eine bestimmte Synthese, die die Alltagswelt bildet, wird von ihren Bewohnern als selbstverständlich hingenommen, als verbindlich angesehen und als Einheit erlebt.

Die Organisationen der Lagerungen streben nach gesellschaftlicher Dominanz. Da über das politische System die Möglichkeit, anderen Relevanzen aufzuerlegen, am leichtesten realisierbar ist, versuchen sie, Einfluß auf das politische System zu erhalten.

Der Organisationsgrad und insbesondere der Grad der Partizipation an den Handlungen der Organisation einer Lagerung variiert u. a. stark mit dem Grad der bewußt gewordenen Bedrohung des mit der Lagerung verknüpften Typisierungssystems.

Werden die Typisierungssysteme mehrerer Lagerungen bedroht, so wird der Widerstand gegen den Aggressor in dem Typisierungssystem organisiert, in dem die allgemeinste Übereinstimmung angenommen wird und das am organisationsfähigsten für den Widerstand ist.

Die Lagerung, die dieses Typisierungssystem vertritt, hat in dieser Situation die Chance, unter den widerstandleistenden Lagerungen die Dominante zu werden; die sonstigen Differenzen zwischen diesen Lagerungen verlieren zugunsten dieser einen Lagerung an Handlungsrelevanz. Die Organisation der in die Synthese eingegangenen anderen Lagerungen erfolgt in dem Rahmen, den die dominante Lagerung ihnen einräumt.

Die Einordnung der anderen Lagerungen in die dominante Lagerung erfolgt aber nur, wenn diese den anderen Lagerungen einen genügenden Autonomieraum gewährt.

Eine solche Synthese muß nicht konsistent sein. Daraus ergeben sich interne Probleme:

Ist eine Lagerung dominant, so identifiziert sie sich voll mit der Synthese. Will eine eingeordnete Lagerung ihre Interessen autonomer vertreten, so strebt sie nach einer partiellen Änderung der Synthese. Die Bedrohung, die der dominanten Lagerung dadurch entsteht, thematisiert sie auf einer allgemeineren Ebene als die eingeordnete Lagerung. Indem sie die Autonomieforderung als Infragestellung der gesamten Synthese hinstellt, wird eine Diffamierung der größere Autonomie fordernden Lagerung erstrebt. Wird die dominante Lagerung von außen bedroht, so muß sie den eingeordneten Lagerungen einen größeren autonomen Raum gewähren, um deren Unterstützung in der Abwehr zu finden. In solchen Situationen haben untergeordnete Lagerungen die Chance zur Emanzipation.

4. Ergebnis

Dieses Modell kann das Phänomen gesellschaftlichen Wandels differenzierter beschreiben als die Theorien des Übergangs von der segmentären zur funktionalen Differenzierung. Wenn dieser Prozeß so geradlinig angesetzt wird, wird unterstellt, daß in der funktional differenzierten Gesellschaft ein einheitliches Wertsystem gilt. Dies wird besonders deutlich an den funktionalistischen Schichtungstheorien, die Schichtung über die Bedeutung, die eine bestimmte Position für das Überleben der Gesellschaft hat, erklären. Danach wird die Bewertung einer Position anhand eines gemeinsamen Wertsystems vorgenommen. »Soziale Schichtung ist das Ergebnis dieses Bewertungsvorganges, durch den bestimmte Positionsgruppen untereinander als gleich oder als verschieden eingestuft werden[42].« Aus dieser Bewertung ergibt sich, daß die verschiedenen Positionen verschiedene Qualitäten haben. Um diese Positionen angemessen besetzen zu können, müssen sie mit unterschiedlichen Belohnungen ausgestattet werden. »Die Höhe dieser Belohnung richtet sich nach der funktionalen Bedeutung der Position für das Überleben der Gesellschaft und nach dem Angebot an geeignetem Personal zur Besetzung dieser Positionen[43].«

Das hier vorausgesetzte einheitliche Wertsystem läßt sich aber empirisch nicht nachweisen. Vielmehr zeigen die empirischen Untersuchungen von Geiger[44], Moore und Kleining[45], Mayntz[46] und Scheuch[47] in den einzelnen Schichten verschiedene Lebensweisen, Selbst- und Fremdbilder, also verschiedene Wertsysteme auf. In diesen verschiedenen Lebensweisen dokumentieren sich verschiedene Gesellschaftssysteme, die gleichzeitig die verschiedenen Relevanzbereiche verschieden voneinander abgrenzen und verschieden gewichten. Es zeigt sich also, daß in einer Gesellschaft verschiedene partielle Gesellschaftssysteme nebeneinander bestehen.

Die Schichtung ergibt sich nun aus der Chance einer Gruppe, ihr Relevanzsystem anderen aufzuerlegen. Maßstab der Bewertung der Positionen, mit dem dann auch die Höhe der Belohnung festgesetzt wird, muß also für die Funktionalisten, wenn sie von einem einheitlichen Wertsystem ausgehen, das der dominanten, zumindest aber das einer bestimmten Gruppe sein.

Die oben erwähnten Untersuchungen versuchten Kriterien für die

Schichtung meist über die Stellung im Produktionsprozeß oder damit stark korrelierende Indizes zu finden. Doch weisen alle auf die Problematik dieser Entscheidung hin. Bolte[48] schlägt daher vor, verschiedene Schichtungstypen je nach dem Verstädterungsgrad der Gemeinden, also Typisierungen in zwei Dimensionen vorzunehmen.

Lenski geht noch weiter. Er empfiehlt, die Eindimensionalität der Schichtungseinteilung aufzugeben und statt dessen das Verteilungssystem in verschiedene Klassensysteme zu differenzieren[49]. In unserer Terminologie wäre ein solches Klassensystem eine Konstellation von Lagerungen aufgrund von sich gegenseitig ausschließenden Merkmalen wie Geschlecht, Religion, Berufsposition usw. Zwischen den verschiedenen Klassensystemen, also Lagerungen, die sich auf Merkmalen in verschiedenen Dimensionen fundieren, sind Kombinationen möglich, nicht aber zwischen den Ausprägungen in einem Klassensystem. Dennoch werden auch die Klassensysteme untereinander hierarchisch geordnet. Die Anordnung dieser Hierarchie hängt nun von der gesamten Lagerungskonstellation ab. Innerhalb der einzelnen Alltagswelten sind diese Hierarchien verschieden. Welche Lagerung in einer Alltagswelt dominant ist, hängt von der praktischen Relevanz, die ihr Deutungssystem für die Lösung relevanter Probleme ihrer Bewohner hat, ab.

Die Strategien, die eine Lagerung zur Bewährung ihrer Deutungsschemata anwenden kann, werden nun wesentlich von der Lagerungskonstellation und den Machtverhältnissen beeinflußt. Lagerungen, die vom Einfluß auf das politische System ausgeschlossen sind, müssen andere Strategien entwickeln als die, die das politische System beherrschen. Lagerungen, die vom Einfluß auf das politische System ausgeschlossen sind, müssen sich stärker um die Solidarität ihrer Mitglieder und um deren Identifikation mit der Lagerung bemühen, um so zumindest die Auferlegung fremder Relevanzen abwehren zu können. Die Träger solcher Lagerungen sind eher defensiv eingestellt. Sie orientieren sich an der Absicherung der Grenzen ihres Deutungssystems.

Dagegen brauchen die Lagerungen, die das politische System beeinflussen, weil sie über die staatlichen Zwangsmittel zur Bewährung ihrer Deutungsschemata verfügen können, weniger stark organisiert zu sein. Da ihre Deutungsschemata weniger bedroht sind, identifizieren sie sich stärker mit dem Staat. Das Bewußtsein der Zugehörigkeit zu dieser bestimmten Lagerung und die Identifizierung mit ihren Organisationen wird, wenn der Einfluß auf den Staat nicht gefährdet ist, geringer, da für sie der Staat die Bewährung ihrer Deutungsschemata garantiert.

Hans-Jürgen Benedict

Fernsehen als Sinnsystem?

*Einleitende Bemerkungen**

Der Versuch, das Fernsehen als Sinnsystem zu begreifen, legt an die Produktionen dieses Massenmediums eine Fragestellung an, die auf den ersten Blick unangemessen erscheint. Denn nach seinem eigenen Verständnis hat das Fernsehen vor allem die Funktion der Information und Unterhaltung, neuerdings auch die der Weiterbildung/Erziehung. Wenn nach dem Fernsehen als Sinnsystem und nach seinen sozialisierenden Wirkungen gefragt wird, dann vor allem deswegen, weil es im Alltagsleben der meisten Menschen in den Industriegesellschaften eine dominierende Rolle spielt. Es ist allein dem äußeren (zeitlichen) Umfang nach die wichtigste Freizeitbeschäftigung aller sozialen Schichten und Altersgruppen. Das Fernsehgerät ist inzwischen derart zum integralen Bestandteil des Familienlebens geworden (Bronfenbrenner: »Die meisten Familien bestehen aus zwei Eltern, einem oder mehreren Kindern und einem Fernsehgerät«), daß veritable Abhängigkeiten entstanden sind. Einige Berliner Arbeiterfamilien, denen man mit ihrer Zustimmung für vier Wochen das Fernsehgerät nahm, zeigten bald Entzugserscheinungen. Sie wußten die freigewordene Zeit nur bedingt innovativ zu nutzen, sonst wegen gemeinsamen Fernsehens nicht zum Austrag gekommene Konflikte häuften sich, und schließlich wurde die Rückkehr des Fernsehers so inbrünstig erwartet wie früher die Ankunft des Messias: »In drei Tagen ist ER wieder da«[1]. Diese und andere im Aufsatz gesammelten Beobachtungen legen die Vermutung nahe, daß eine Beschäftigung mit dem Fernsehen als »Sinnsystem« immer wichtiger werden dürfte. Wenn das Fernsehen interpersonale Kommunikation ersetzt, wenn Fernsehen zum selbstverständlichen Ritual wird, dann hat es inzwischen die Funktion einer Quasi-Religion und *ist* Gegenstand »religionssoziologischer« Analyse. Die Schwierigkeiten bei der Analyse liegen darin, daß die TV-Wirkungsforschung bislang nicht zu gescheiten Ergebnissen gekommen ist und bei uns überhaupt noch in den Anfängen steckt. Viele Folgerungen können sich also nur auf Vermutungen stützen; wir wissen einfach zu wenig über die von Massenmedien ausgehenden Sozialisations- und Lernprozesse.

Zu berücksichtigen ist auch, daß Fernsehen kein *ausformuliertes Sinnsystem* darstellt. Sofern es Sinnfunktionen wahrnimmt, sind das subsidäre, ihm unter der Hand zugewachsene (andererseits auch nicht rein zufällige, wenn man bedenkt, daß das kommerzielle US-Fernsehen ja den Fortbestand einer kapitalistischen Gesellschaft gesichert sehen möchte, in der allein es gedeihen kann). Ich bin mir nur allzu deutlich bewußt, daß das Zusammenwirken von Wissenssoziologie, Medienforschung und politökonomischer Analyse hier nicht einmal ansatzweise gelungen ist. Wenn ich damit jedoch erreichen sollte, daß wissenschaftlicher Sachverstand sich mehr als bisher mit diesem »Sinnsystem« beschäftigt, wäre das, was ich bezwecken möchte, schon weitgehend erfüllt[2].

Eine Frage sollte vorab noch geklärt werden: Wieso ist P. Berger, da er doch den Begriff der »symbolischen Sinnwelt« in die Diskussion eingebracht hat, bei seiner Beschreibung gegenwärtiger Religionssysteme nicht selbst darauf gekommen, das Fernsehen bzw. die Massenmedien als eine solche Sinnwelt zu entdecken? Die Ursache dafür ist nicht schwer zu finden: Sie liegt in der unterschiedlichen Art, in der in den Religionen und in den Massenmedien die symbolische Sinnwelt produziert werden. Die Entfremdungskapazität der Religion ist eine andere als die des Fernsehens: »Das Grundrezept für religiöses Legitimieren ist die Verwandlung menschlicher Produkte in über- oder außermenschliche Faktizitäten. Die von Menschen errichtete Welt wird auf eine Weise erklärt, die ihren Produktionscharakter verleugnet. Menschlicher Nomos wird göttlicher Kosmos oder jedenfalls eine Wirklichkeit, die ihren Sinn von jenseits der menschlichen Sphäre herleitet . . . Die soziokulturelle Welt, ein Gebäude aus menschlicher Sinnsetzung wird mit Geheimnissen überdacht, deren Ursprung als nicht menschlich postuliert wird . . . Projizierter Sinn menschlichen Handelns ballt sich zu einer gigantischen und geheimnisvollen anderen Welt zusammen, die über der Menschenwelt als fremde Wirklichkeit schwebt.«[3] Die symbolische Sinnwelt der Massenmedien entsteht auf andere Weise. Sie entsteht zum einen durch die Rezeptions-Situation: Eine Beziehung zwischen den Produzenten und den Konsumenten existiert auf der Zeichen- bzw. Symbolebene. Die Macher bleiben im Hintergrund. Ihre symbolische Rolle ist deswegen so faszinierend, weil sie als reale Figuren kaum in Erscheinung treten. Die Fernsehanstalten sind weithin anonyme Institutionen, die ihre Produktionsbedingungen geheimhalten und wie der Berg Sinai Jahwe-Erscheinungen, Rauch, Donner regelmäßig Sendungen ausstoßen.

Die symbolische Sinnwelt des Fernsehens entsteht zum anderen durch die spezifische Form der Selektion, mit der die Außenwelt im Medium vorgelassen wird. Hingewiesen sei auf die Nachrichtensendungen, in denen aus der Fülle politischen, sozialen und kulturellen Geschehens höchst selektiv zum einen die offiziöse Fassung der Ereignisse wiedergegeben wird, zum andern in überschaubarer Weise das Weltgeschehen so strukturiert wird, daß die mit den katastrophalen Weltläuften gegebene Beunruhigung sofort wieder nachläßt. Das gilt, obwohl viele Nachrichten infolge Sprach- und Verständnisbarrieren vielen Zuschauern teilweise unverständlich bleiben. Eine »wirkliche Orientierung« (Baacke) findet sicher nicht statt; aber eine gewisse Beruhigung.

Man könnte also formulieren: Der Schleier der Mystifikation entsteht nicht mehr durch die Introduktion von übermenschlichen Mächten, sondern durch die besondere Form der Selektion und Präsentation, mit der die menschlichen Mächte dargestellt werden. An die Stelle der transzendentalen tritt die immanente Verschicksalung. Das Gefühl der Ohnmacht, des den dunklen Mächten Ausgeliefertseins, ist geblieben; auch die Massenmedien zeigen die Tendenz, das Bewußtsein des Menschen über jenen Teil des Universums zu täuschen, der durch sein eigenes Handeln Gestalt annahm – die soziokulturelle Welt.

Ein letzter Hinweis: Nicht direkt angesprochen, und das ist ein Manko, wird die Frage des Zusammenhangs von Symbol und Sinnstiftung; ein Manko deswegen, weil entscheidend für das Christentum ja seine Stiftung von Symbolen war, die als nicht scheinhafte wirklich Freiräume des Handelns und Möglichkeiten letzter Sinnorientierung eröffneten. Gerhard Rau hat mich darauf aufmerksam gemacht, daß Berger/Luckmann einen kognitiv verkürzten Symbolbegriff haben; wer sich an ihnen orientiert, spart also bestimmte Dimensionen des Symbolbegriffs aus. Ich würde jedoch reklamieren, daß aus meiner Analyse der Fernsehproduktionen deutlich wird, daß sie die Ebene christlicher Symboldeutungen bei weitem nicht erreichen. Das Dilemma liegt darin, daß die christlichen Symbole ihrerseits nicht mehr die Massen erreichen. Unter den Bedingungen von Massenkommunikation diese neu zur Geltung zu bringen, das ist dann nicht mehr allein das Problem christlicher Verkündigung in den Massenmedien (wie die Formel in den 60er Jahren hieß). Vielmehr: Es geht um die Vermittlung der Symbolimpulse in Fernsehspiel, Feature, Dokumentation und auch Unterhaltungssendung. Serien wie »Unser Walter« (über das Behindertenproblem), Filme wie »Dying – die letzte Zeit«, lösen davon mehr ein als die, mit Verlaub gesagt, bloß massenmediengerechte Übertragung von Gottesdiensten. Sie eröffnen neuen Handlungsspielraum, und das ist, bei den vielen Produktionen, die der Verklärung des Bestehenden dienen, fast schon das Optimum.

Vom Trost der christlichen Religion zur Tröstung durch die Massenmedien

Anläßlich eines Gespräches mit Theologen stellte Jürgen Habermas diesen die überraschende Frage, wo Tröstung und Kontingenzbewältigung in der modernen Theologie geblieben seien. Diese Frage ist insofern falsch, als sie voraussetzt, daß die Antworten des christlichen Glaubens früher allgemein verbreitet und tatsächlich auch zu trösten in der Lage gewesen waren[4]. Es ist aber gar nicht sicher, ob die Kirchlichkeit der Massen im 17. und 18. Jahrhundert so groß war, wie immer angenommen wird; dies läßt bereits ein Blick in die Moralstatistiken erkennen[5]. Die Tendenz zur Verbürgerlichung des Christentums setzte ja nicht erst im 19. Jahrhundert, sondern schon sehr viel früher ein, und damit auch der Ausschluß der Unterschicht von dieser Glaubensform. Es wird zumeist übersehen (auch von Habermas)[6], daß die ethische Privatisierung der christlichen Religion nur bei den modernisierenden Eliten stattfand – ob sie sich nun primär materiell artikulierte als rationales Gewinnstreben der Calvinisten und später als besitzbürgerliches Denken des Bürgertums[7] oder als philosophisch-literarischer Individualitätsgedanke wie in Deutschland[8]. Der religiöse Individualismus spielte eine Rolle weder für die Landbevölkerung noch für die aus ihr und dem Handwerk hervorgegangene freie Lohnarbeiterschaft. Es überrascht nicht, daß die Zwangsreligiosität des flachen Landes in dem Maße abgestreift wurde, in dem die Arbeiter dem Industrialisierungsprozeß in den Städten ausgeliefert wurden. Das heißt aber, daß die sogenannte Entkirchlichung mehr Abnutzungserscheinung denn bewußte Entscheidung war.

Die aktiven Teile der Arbeiterschaft fanden einen vollgültigen Ersatz in der kollektiven Identität der Arbeiterbewegung, wobei an das in der Unterschicht dominierende familistische Denken angeknüpft werden konnte. Das individuelle Schicksal, Niederlagen und Elend waren aufgehoben in dem fortgesetzten Kampf der Arbeiterbewegung, die schließlich den Sieg erkämpfen und den Sozialismus realisieren würde. Nur in den bewußten Teilen der Arbeiterschaft kam es daher zur expliziten Absage an Kirche und Religion, die als bürgerliche auf seiten der Herrschenden stehend erfahren wurde. Für große Teile der Arbeiterschaft gab es weder den Trost der Religion noch die Geborgenheit der Arbeiterbewegung. Als geistig Orientierungslose erwiesen sie und die neu entstehende Schicht der Angestellten sich als besonders anfällig für die neue Massenmedienkultur von Zeitung und Film[9]. Mit der zunehmenden Integration auch der politisch aktiven Teile der Arbeiterschaft (sozialdemokratischer Reformismus) schwand die Kirchenfeindlichkeit (obwohl die kirchlichen Kommunikationsformen z. B. im Gottesdienst weiterhin mittelschichtenorientiert blieben). Es stellte sich heraus, daß bestimmte stabilisierende Angebote der Volkskirchen-Religion von der Arbeiterschaft mehrheitlich genutzt werden (Amtshandlungen an den Krisenpunkten des Lebens), daß sie die Rolle der religiösen Erziehung akzeptierte und zu allgemein gesellschaftlichen Moralvorstellungen sedimentierte Inhalte christlicher Ethik internalisiert hat wie Hilfsbereitschaft, Anständigkeit, Einhaltung von Normen, Notwendigkeit von Strafe etc.[10] Die marxistische Religionskritik versagt vor dieser Entwicklung. Die volkskirchliche Religion ist weder »Ausdruck des wirklichen Elends« noch »Protestation« dagegen. Sie ist Teil der sozialen und psychologischen Versorgung im sogenannten Wohlfahrtsstaat. Zugleich werden Bedürfnisse nach Sinndeutung und Trost heute mehr und mehr von den Massenmedien wahrgenommen. Ihnen sind quasi-religiöse Funktionen zugewachsen.

Alte und neue Rituale

An jedem Werktagmorgen zwischen fünf und neun Uhr stehen ca. 40 Millionen Westdeutsche vor dem Problem, in den unfreundlichen Alltag der Leistungsgesellschaft zurückfinden zu müssen. Dabei sind ihnen mehr als alles andere die modernen Massenmedien behilflich. Nachdem der Wecker seinen undankbaren Dienst getan hat, beginnt mit dem Druck auf die Tasten des Radioapparates die Einstimmung in die Wirklichkeit: Flotte Rhythmen, die regelmäßige Zeitansage durch einen vertrauenerweckenden Sprecher, Nachrichten und Verkehrsmeldungen holen den einzelnen aus seinem Morgenkater in die Wirklichkeit zurück. Der Blick in die Morgenzeitung, vor allem die Bildzeitung mit ihren bekannten Riesenschlagzeilen, bekräftigt alsbald den Eindruck, daß die Welt trotz aller Katastrophenmeldungen noch in Ordnung ist. Dergestalt präpariert begibt sich der Durchschnittsbürger in die Straßenbahnen, Busse, Vorortzüge oder in die Autoschlangen, wo er in Gemeinschaft von Schicksalsgenossen an seinen Bestimmungsort transportiert wird.
Was ich eben beschrieben habe, ist ein Ritual, eine Handlung also,

die sich Tag für Tag in identischer Weise wiederholt. Daß der Tageslauf mit bestimmten Riten beginnt (ja überhaupt durch Rituale strukturiert wird), werden wir vermutlich als Erscheinung vergangener Zeiten bezeichnen wollen. Doch worin liegt der Unterschied zwischen dem eben beschriebenen Ritual der Industriegesellschaft und jenem, das Luther in der feudalen Agrargesellschaft seiner Zeit den Hausvätern im Kleinen Katechismus an die Hand gab, damit sie es das Gesinde lehrten? »Des morgens so du aus dem Bette fährst, sollst du dich segnen mit dem heiligen Kreuz und sagen: Des walt Gott Vater Sohn, heiliger Geist, Amen. Darauf knieend oder stehend den Glauben und Vaterunser; willst du, so magst du dies Gebetlein dazu sprechen.« Hierauf folgte, sozusagen als Abrundung der Alltagsvergewisserung, Luthers berühmter Morgensegen.

Ohne Mühe lassen sich in diesem Ritual dieselben Elemente wiederentdecken wie in den morgendlichen Riten des Industriezeitalters. Der Druck auf die Radiotaste entspricht gewissermaßen dem Kreuzschlagen, der Blick in die Morgenzeitung dem Gebet. (Übrigens war es kein Geringerer als Hegel, der diesen Vergleich zuerst zog und die Zeitungslektüre als »realistischen Morgensegen« bezeichnete.)

Diese unvermutete Parallele läßt nach weiteren Beispielen suchen. Eine ähnlich wichtige Vergewisserungsfunktion hat am Abend wahrscheinlich die Tagesschau im Fernsehen. Stets eröffnet mit dem gleichen Signal, vorgetragen von denselben Sprechern vor der immergleichen Erdkarte und beschlossen mit dem Wetterbericht, eingeteilt in längere Berichte und Meldungen in Schlagzeilen, hat sie die Funktion einer Symbolhandlung, die Ordnung in die Welt bringt und die Fülle der Ereignisse systematisiert. Durch die in sie eingebauten Versicherungen politischer Vaterfiguren vermittelt sie Vertrauen und Sicherheitsgefühl. Fast die Gesamtheit der westdeutschen Zuschauer sieht sie sich an, so wie es früher einmal üblich war, vor dem Schlafengehen im Hause ein Abendgebet zu sprechen, in dem man den Tag Revue passieren ließ, eigene Fehler bekannte und angesichts drohender Gefahren oder ganz allgemein sich dem Schutz des Vaters im Himmel anbefahl.

Von der Erbauung zur Unterhaltung

Diese beiden Beispiele zeigen, wie die Medien unseren Alltag und damit unser Bewußtsein bestimmen und wie sie in dieser Funktion früher von Kirche und Religion wahrgenommene Aufgaben übernommen haben. Man könnte pointierend die These aufstellen, daß in den Massenmedien heute die Säkularisierung des kirchlichen Meinungsmonopols stattfindet. Im Mittelalter bestimmten die kirchlichen Kommunikationsmuster das Leben des einzelnen total. Im Gottesdienst, in der Liturgie geschieht Vergewisserung der Alltagswirklichkeit. Gerade weil die Welt als verfinstert und heillos gedacht wird, ist die dauernde Berührung mit dem Heiligen, der tägliche Besuch der Messe nötig. Zugleich führt das aber zu einer Veräußerlichung der Teilnahme am Gottesdienst – die Gläubigen kommen zur Messe, verrichten ihre ritualisierten Andachtsübungen und gehen wieder. Äußere Gesten, Glockenzeichen künden die kultischen Höhepunkte an, an denen besondere Aufmerksamkeit gefordert ist[11]. Ungleich ernsthafter war die kultische Durchformung des Alltags im Mönchtum mit der Entwicklung der Stundengebete, die im Abstand von drei Stunden den Tagesverlauf strukturierten. Doch diese häufigen Andachten und die tagtägliche Vergegenwärtigung des Heils in der Messe konnten ebensowenig wie die kontemplative Frömmigkeitsbewegung im Spätmittelalter die starke Heilsunsicherheit beseitigen. Auf diese grundsätzliche Frage vermochte erst Luther mit der Wiederentdeckung der Rechtfertigung des Menschen aus Gnade allein eine Antwort zu geben. An der Strukturierung des Alltags, der Woche, des Jahres durch die kirchlichen Kommunikationsformen änderte sich jedoch durch die Reformation wenig. Die Stundengebete für Kleriker wurden abgeschafft. Nur Metten und Vespern sollten am Sonntag als Gemeindegottesdienst erhalten bleiben und während der Woche an Orten mit Lateinschulen, um – wie Luther es ausdrückte – »die Knaben und Schüler in der Biblia zu üben«. Das gottesdienstliche Geschehen und die Gemeindepraxis bekommen einen mehr lehrhaften Zug. Luthers Kleiner Katechismus übt vor allem Gehorsam gegenüber den Autoritäten, Eltern und Landesherren ein. Morgen-, Mittag- und Abendandacht vergewissern den Gläubigen seines Standorts im Kosmos. Im 17. Jahrhundert entsteht, angeregt durch den Pietismus, eine reichhaltige Erbauungsliteratur für diese Anlässe. Charakteristische Titel sind etwa Valentin Herbergers »Evangelische Herzpostille« oder Christian Scrivers »Seelenschatz«. Die Auflage von William Baxters »Ruhe der Heiligen« und John Bunyans »Pilgerreise«, an denen sich der fromme Sinn damals erbaute und stabilisierte, gehen in die Millionen.

Doch schon kurz darauf wird das kirchliche Meinungsmonopol gebrochen. Die kirchliche Erbauungsliteratur wird verdrängt von der weltlichen mit ihrer bürgerlich-aufklärenden Moral; diese wiederum von der belletristischen Unterhaltungsliteratur, man denke

an den ungeheuren Erfolg der »Leiden des jungen Werther«. Die Massen, die vom Land in die Städte strömen, sind im 19. Jahrhundert, dem Zeitalter der beginnenden Industrialisierung, weitgehend orientierungslos. Als Ungebildete sind sie von der neuen bürgerlichen Öffentlichkeit ausgeschlossen. Die politisch bewußten Teile der Arbeiterschaft benutzen zwar das gedruckte Wort – wie das schon die Reformatoren taten – als Kampfmittel. So war die erste Zeitung mit einer Massenauflage von immerhin mehr als 50000 Exemplaren das Organ der englischen Gewerkschaftsbewegung. Doch die Zeitungen, die dann wirklich in die breite Masse eindringen, machen sich nicht zum Sprecher der politischen Bedürfnisse der Massen, sondern nutzen diese kommerziell aus. Bereitstellung psychologischer Erleichterungen in Form von anspruchsloser Unterhaltung und Sensationsdarstellungen ist von Anfang an das Kennzeichen jener Boulevardblätter, die um die Jahrhundertwende entstehen. Nach dem ersten Weltkrieg wirkt die Massenpresse regenerierend in den erschütterten westlichen Ländern. Sie wird dabei unterstützt und zum Teil noch übertroffen von dem neuen Medium Film, das sich in den zwanziger Jahren zu einem die Massen faszinierenden Unterhaltungsinstrument entwickelt[12]. Von den Arbeitern in den Vorstadtkinos bis zur Großbourgeoisie – in den Filmpalästen strömen ihm sämtliche Schichten der Bevölkerung zu. Die Kinosäle werden zu Kultstätten einer neuen Religion, die besser als die alte christliche Opium fürs Volk ist. In dieser Zeit entstehen die bis heute gängigen Muster der Filmstories, die entweder auf Wunder oder happy-ends hinauslaufen, welche keinen Bezug zur Wirklichkeit haben oder aber als Tragödien enden, die das Bestehende rechtfertigen. Die deutsch-nationale Massenpresse mit ihrem Kampf gegen Demokratie und Kommunismus, und die UFA mit ihrer Verbreitung sentimentaler Rührstücke werden so beide mit zum Wegbereiter des Nationalsozialismus. Bemerkenswert ist, daß die Tradition der populären Unterhaltungsfilme zur Ablenkung von den Sorgen des Alltags auch durch den Faschismus nicht unterbrochen wurde. Die Zäsuren der deutschen Geschichte 1933 und 1945 spiegeln sich nicht in den Filmproduktionen.
Die größte Popularität erreicht der Film zwischen 1930 und 1950. Dann wird er von Rundfunk und Fernsehen verdrängt, deren Vorteil darin liegt, daß ihre Sendungen zu Hause, also in der Familie konsumiert werden können. Die Anschaffung eines Radios oder eines Fernsehers fällt – zumal in den unteren Schichten – zusammen mit der Erreichung eines bestimmten Lebensstandards. Sie sind somit einerseits Ausdruck der Integration in die Gesellschaft, die sie andererseits weiter fördern. Zum Kulturkonsumen-

ten geworden, verschwindet bei den meisten Arbeitern die Bereitschaft zur Opposition gegen eine Gesellschaft, die die sozialen Gleichheitsrechte nur unzureichend eingelöst hat.

Weiterbestehende Ordnungsbedürfnisse

Wie im Mittelalter durch die kirchliche Einheitskultur, so wird jetzt durch die Massenmedien der Lebensstil aller normiert. Man denke nur daran, wie der Ablauf des Abends und des Wochenendes im Familienkreise sich nach dem Fernsehprogramm richten. Wichtiger als diese äußere Strukturierung des Alltags ist die existentielle Abhängigkeit des Durchschnittsbürgers vom Angebot der Medien. So erklärt der amerikanische Werbepsychologe Ernest Dichter: »Die Teilnahme am Fernsehen oder der Besuch eines Kinos sind reale Versuche, Probleme zu lösen ... Wir suchen in unserer Umgebung nach praktischen Beispielen der Lebensführung. Selbst ein Fernsehkomiker kann uns Antwort auf Probleme des täglichen Lebens geben.«[13] Dichter führt gerade den Erfolg der ja an sich sehr simplen Familienserien (soap operas) zurück auf ein Bedürfnis des Menschen nach Ordnung und Vereinfachung. Dieser Bedarf nach vereinfachter Weltsicht hat eine lange Tradition. Schon in Mythen und Märchen ging es um Reduktion der Komplexität. In der Tat hat jeder Mensch von Natur aus ein Bedürfnis nach ordnungschaffenden Sinninterpretationen. Dieses wird in unseren hochkomplexen Industriegesellschaften noch dadurch verstärkt, daß sie bei der Mehrzahl ihrer Mitglieder Orientierungsängste hervorrufen. Zwar besitzen wir ein gewisses »Rezeptwissen«, mit dem wir Alltagsprobleme lösen können, doch als Ganzes ist uns die Welt, in der wir leben, nicht durchsichtig. Da sind seltsame Träume, die wie aus einer anderen Wirklichkeit in unser Leben hineinragen; da ist die Vergangenheit, die auf uns lastet, da ist die Zukunft, vor der wir Angst haben. Woher komme ich? Wer bin ich? Wohin werde ich gehen?

Auf diese Grundfragen haben die Menschen seit je her eine Antwort gesucht, die existentielle Sicherheit vermittelt, ein Sinn-System, das uns die Wirklichkeit und die gesellschaftlichen Beziehungen plausibel erscheinen läßt. Nach Ansicht der Soziologen Peter Berger und Thomas Luckmann sind Religion, Kunst und Wissenschaft solche symbolischen Sinnwelten, die das Alltagsleben transzendieren, die also eine umfassende Erklärung unserer Wirklichkeit zu geben versuchen, welche auch die Widersprüche und Grenzsituationen in das Alltagsleben integriert und damit die institutionale

Ordnung legitimieren. Ihre wahre Kraft erweisen sie in der Legitimation des Todes, in dem Schutz vor dem Grauen. »Die symbolischen Sinnwelten«, sagen Berger/Luckmann, »sind wie schützende Dächer über der instutionalen Ordnung und über dem Einzelleben[14].« Die entscheidende These von Berger/Luckmann ist, daß diese Sinnwelten menschliche Konstruktionen sind. Der Mensch schafft sich eine institutionale Welt einschließlich der symbolischen Sinnwelten, die die oberste Wirklichkeit der Alltagswelt bilden in dem Dreischritt von Externalisierung, Objektivation und Internalisierung – anders ausgedrückt: der Mensch konstruiert sich seine Welt, diese Welt nimmt gegenständlich-objektive, fast ontologische Gestalt an, und die gesellschaftlich konstruierte Welt muß von jeder neuen Generation übernommen werden[15]. Dies letzte nennen wir gemeinhin Sozialisation und wissen: Jede erfolgreiche Sozialisation ist davon abhängig, daß das Ganze der institutionalen Ordnung als sinnhaft erscheint. Mit dieser Aufgabe haben frühere Gesellschaften quasi »hauptamtliche Legitimatoren« betreut[16]. Je mehr die traditionellen Legitimationstheorien an Wirksamkeit verlieren, um so mehr wächst diese Aufgabe neuen Institutionen zu.

Diese wissenssoziologische Erklärung sieht wie die Marxsche Theorie auch die »Menschen als Produzenten ihrer Vorstellungen, Ideen« an, vernachlässigt aber, daß es »die wirklichen, wirkenden Menschen« sind, »wie sie bedingt sind durch eine bestimmte Entwicklung ihrer Produktivkräfte und des denselben entsprechenden Verkehrs bis zu seinen weitesten Formationen hinauf«[17]. D.h., die institutionale Ordnung befindet sich in einem dauernden Prozeß der Veränderung, und der Zerfall von Legitimationstheorien hängt mit dieser Veränderung zusammen. So nahm die auf der Erfahrung der Mangelgesellschaft beruhende christliche Sinnwelt in dem Maße an Relevanz ab, in dem in der industriellen Gesellschaft bessere Lebensbedingungen für die Mehrheit ihrer Mitglieder zunächst als vorenthaltene Möglichkeit und dann tatsächlich realisiert wurden. Heute leisten z.B. kirchliche Veranstaltungen wie Gottesdienste und Andachten nur noch für Randgruppen die so notwendige Vergewisserung der Alltagswirklichkeit. Dies ist Ausdruck der Tatsache, daß in komplexen Gesellschaften nicht mehr eine Sinnwelt allein die ganze Wirklichkeit integrieren kann, daß es vielmehr zu »einer pluralistischen Konkurrenz von Subsinnwelten jeder vorstellbaren Art«[18] kommt. Auf diesem neuen »Markt der Sinnwelten« hat jedoch die sogenannte Bewußtseinsindustrie durch ihre technisch avancierten Mittel eine dominierende Position eingenommen.

Zunächst ist festzustellen, daß es in der Wahrnehmung der verschiedenen Sinnwelten vor allem schichtenspezifische Unterschiede gibt. Während die untere Mittelschicht immer noch stark religiös eingestellt ist, hat für die mittlere und obere Mittelschicht das Kunsterlebnis in Konzertsälen, Theatern und Museen Sinnfunktionen übernommen, für Arbeiter und Angestellte die über Film, Rundfunk und Fernsehen massenhaft verbreiteten Produktionen der Kulturindustrie. Der gottesdienstlich sakrale Charakter von Theater- und Kinovorstellungen ist evident: Wenn der Vorhang aufgeht, wird der Zuschauer in eine andere Welt versetzt, eine Welt, in der in konzentrierter Form Antwort gegeben wird auf die zentralen Menschheitsprobleme, die schon in den antiken Tragödien behandelt wurden: Liebe und Haß, Eifersucht und Treue, Streit und Versöhnung, Recht und Unrecht, Elend und Tod, Freiheit und Knechtschaft.

Auch der Film beschäftigt sich mit diesen Themen, wobei er dank seiner technologischen Mittel den Eindruck einer größeren Realitätsnähe erzeugt.

Doch Theater- und Kinobesuch gehen zurück – von 817 Mill. Zuschauern im Jahre 1956 auf 167 Mill. im Jahre 1970. Im gleichen Zeitraum stieg die Zahl der Fernsehgeräte von 681 000 auf 17 Mill. an.[19] Neue Sinnbereiche eröffnen daher, je mehr der Fernsehkonsum zunimmt, die Produktionen dieses Massenmediums. Es ist an dieser Stelle angezeigt, eine grundsätzliche Bemerkung einzuschieben: Das Fernsehen ist kein geschlossenes Sinnsystem so wie etwa das Christentum. Es ist nicht möglich, schon gar nicht bei dem Stand der jetzigen Forschung über Sinn- und Wertorientierung durch die Massenmedien[20], eine »Dogmatik« oder »Systematik« der Sinnvermittlungen im Fernsehen vorzulegen – Schöpfung, Fall, Erlösung; die Lehre von den ersten und den letzten Dingen, 1., 2., 3. Artikel des Glaubensbekenntnisses usw. usf. Hinzu kommt, daß die Produktionen der Massenmedien in einem dauernden Prozeß der Wandlung begriffen sind, daß immer neue Formen und Muster der Massenkommunikation entwickelt werden (schon deswegen, weil die Produkte ja auch gekauft werden sollen, während die Attraktivität religiöser Waren eher vom Ausweis ihrer Unwandelbarkeit zehrte). Möglich sind zum jetzigen Zeitpunkt allenfalls Vermutungen darüber, welche massenmediale Produktionen, wie sehr ihre Formen sich auch wandeln mögen, möglicherweise die Funktion von Sinn- und Wertorientierung haben. Kriterien dafür sind neben der Inhaltsanalyse (werden hier früher von der Religion vertretene Werte vermittelt?) vor allem das Zuschauerinteresse und die Dauer ihrer Verbreitung. Denn sozialisierende Wirkungen werden nur solche Produktionen haben, die zumindest über den Zeitraum mehrerer Jahre hinweg verbreitet werden. Bleibt das Grundmuster des Illusionsfilms 30 Jahre lang konstant, so darf man annehmen, daß dadurch auch eine Sinnorientierung stattfindet. Das gleiche gilt für Familienserien im Fernsehen[21].

Zwei Bereiche der Sinnvermittlung lassen sich unterscheiden: einmal der Bereich der heiteren Unterhaltung, der mit stark oberflächlich-trivalen, aber gleichwohl wirksamen Mitteln von den Sorgen des Alltags abzulenken weiß, zum anderen der Bereich der ernsten Unterhaltung, der ausdrücklich Fragen der Sinn- und Wertorientierung in der Gesellschaft thematisiert. Die höchsten Zuschauerzahlen haben im heiteren Sektor die Quiz-, Rate- und Familienspiele. Die Gründe dafür sind leicht zu finden. Dem Zuschauer wird hier nicht nur etwas vorgespielt, sondern er spielt ›mit‹, er kann sich mit den Teilnehmern identifizieren und sich vorstellen, selbst einmal ihren Platz einzunehmen. Diese märchenhafte Konzeption der Sendungen ist es, die jeweils zwischen 20 und 40 Millionen Deutsche Shows wie »Am laufenden Band« förmlich entgegenfiebern läßt. Die Identifikation mit den ausgewählten Stellvertretern genügt zur Befriedigung, weil das Unterhaltungsbedürfnis in diesem Falle wichtiger ist als die eigene Hoffnung auf das große Glück.

Quiz- und Ratespiele bewirken auf spielerische Weise eine Bestärkung der Prinzipien der Leistungs- und Konkurrenzgesellschaft. Sie lehren: Auch Hobbies sind verwertbar, wenn auch um den Preis ihrer sinnlosen Übersteigerung. Demgegenüber versuchen die Familienspiele seit »Wünsch dir was« mehr die allgemeinen und kreativen Fähigkeiten zu prämieren. Die Quiz- und Showmaster als Hohepriester der Unterhaltung stehen im Mittelpunkt des Publikumsinteresses, müssen sich aber auch einiges einfallen lassen, um seine Gunst zu erhalten. Im Kult der Unterhaltung sind die Götter, die gnädig gestimmt werden müssen, die Zuschauer, und das Opfer, das gebracht wird, ist zuweilen der Showmaster selbst.

Eine entscheidende partikulare Sinnerfahrung im Alltag der Industriegesellschaft ist das Erlebnis von Sportveranstaltungen am Fernsehschirm. Für Millionen stellt die Übertragung eines großen Fußballspiels die Teilhabe an einem verständlichen und zugleich aufregenden Geschehen dar, die ihnen etwa im politischen Bereich nicht geboten wird. Trotz aller nicht zu leugnenden regressiven Begleiterscheinungen des Fußballspiels zehren die Zuschauer von diesem Erlebnis. Mögen die Tore auf dem Fußballfeld auch die »Eigentore der Beherrschten« (Vinnai)[22] sein, in ihrer Erinnerung archivieren sie die gelungenen Spielzüge, und sie fallen ihnen unvermutet ein wie dem gebildeten Bürger eine Mozartarie. Oder man denke an die Faszination von Millionen durch den Eiskunstlauf und seine Fernsehübertragung: Für sie verkörpert dieser Sport mit seiner Leichtigkeit, Anmut und scheinbaren Aufhebung der Schwerkraft eine andere Ordnung der Dinge, die früher in Kulttänzen sichtbar wurde.

Das Legitimationswissen für das Alltagsleben hat schließlich eine nicht unwesentliche Bereicherung durch die Schlagerindustrie erfahren: »Was wirklich zählt auf dieser Welt, bekommst du nicht für Geld«, singt Udo Jürgens. Und: »Immer wieder geht die Sonne auf«. Solche Versicherungen, »Philosophie für den Wohnküchengebrauch« hat Udos Manager sie genannt, sind zwar nur eine moderne Version altgewordener Binsenwahrheiten. Doch durch die musikalische Untermalung eindrücklich wieder in Erinnerung gebracht, können sie vorher vielleicht schmerzhaft empfundene Disparitäten des Alltags wieder erträglich machen. Denn, so wieder der zitierte Manager: »Es besteht vor allem beim weiblichen Publikum ein großer Nachholbedarf an Seelentrost. Diese Möglichkeit haben wir genutzt.«[23]

Im übrigen ist es die Botschaft der Schlager, daß allein die Liebe dem Leben einen Sinn verleiht[24]. Niemand hat es genau nachgeprüft, doch über die Hälfte aller Schlager handelt von der Liebe und der Liebesbedürftigkeit der Menschen. Das Thema Liebe hat im Schlager geradezu religiöse Funktion im Marxschen Sinne: Die dauernde Beschwörung der Liebe ist einerseits Ausdruck des Elends, daß es zwischenmenschlich und gesellschaftlich so wenig Liebe gibt, zum anderen Protest gegen diesen Zustand. Da aber die Liebe im Schlager nur Ersatzbefriedigung sein kann, kommt es zu jenen dauernden Wiederholungen, die die Schlagerproduktion zu einem so einträglichen Geschäft machen. Gewiß – man sollte Schlager nicht ernster nehmen als es viele ihrer Hörer tun, nämlich als ein bißchen Träumerei im Alltag, aber das Schreckliche an der Situation ist, daß so unsägliche Sendungen wie die ZDF-Hitparade, deren monotone Aneinanderreihung von Schlagern vor allem profitbedingt ist, dennoch für viele tröstende und ablenkende Funktionen zu haben scheint.

Im Bereich der ernsten Unterhaltung ist zunächst einmal zwischen gehobeneren und niedrigeren Produktionen zu unterscheiden. Fernsehadaptationen klassischer Theaterstücke, Fernsehspiele moderner Autoren über existentielle Probleme, Dokumentartheater über Ereignisse der neueren Geschichte, kurz die dramatische

Erörterung der Grundfragen des Menschseins und der Moralität findet weniger vor der Unterschicht als vor dem Mittelschichtenpublikum statt, das auch ins Theater geht (obwohl das Fernsehen damit mehr Arbeiter erreicht als je pro Jahr die deutschen Schauspielhäuser besuchen). Die Unterschicht hingegen schaut sich vor allem die triviale Behandlung dieser Themen in Krimis und Western an. Neben dem Moment der Spannung wird vor allem die Vereinfachung der vielfältigen menschlichen Konfliktsituationen auf einige Grundmuster für die Attraktivität dieser Serien verantwortlich sein. Sinnerfahrung wird hier, um mit Luhmann zu sprechen, »durch Reduktion von Komplexität« ermöglicht. »Erwartbarkeit und Erwartungen«, »Vorkehrungen für den Enttäuschungsfall« und Nichtblockierung von Rationalität bei Angstbewältigung, diese drei Konstituentien des Sinns als »Ordnungsform menschlichen Erlebens«[25], werden im Krimi und Western stets von neuem vorgeführt.

Ideologiekritisch gesehen betreibt hier das Fernsehen natürlich das Geschäft der früheren Vaterinstanzen, übt Autorität ein und Gehorsam. In Familienserien wie Bonanza, High Chaparral, Die Waltons und in den Krimiserien werden die alten Tugenden wie Gehorsam, Unterordnung, Strenge, Bestrafung, Recht und Ordnung in immer neuen Variationen dargestellt. Da diese Werte nicht als abstrakte Forderungen dargeboten, sondern im Verlauf jeder einzelnen Folge jeweils neu dramatisiert werden, prägen sie sich leichter ein als beim direkten Appell, geht die Botschaft unmerklicher, aber um so nachhaltiger unter die Haut. So wie diese Serien sich auf den Sozialcharakter ihrer Zuschauer einstellen, dürften sie ihn inzwischen auch schon mitformen[26].

Desgleichen demonstrieren die strengen Familienväter der US-Serien, exemplarisch nenne ich Big John Cannon, die Notwendigkeit von Unterordnung und Gehorsam in einer Gesellschaft, die sich immer irgendwo gegen irgendwelche Feinde verteidigen muß. In der sogenannten vaterlosen Gesellschaft gibt es nach der Entthronung des himmlischen wie des irdischen Vaters einen neuen Pantheon von Fernsehgöttern, der dem alten griechischen wahrhaft Konkurrenz macht, einen abwechslungsreichen Polytheismus, der das Geschäft des einen strengen Vaters ebenso zuverlässig erledigt.

Drei teils vorläufige, teils widersprüchliche Folgerungen

Erstens: Es ist hoffentlich deutlich geworden, daß es sich bei den vorhergehenden Beobachtungen nicht um die übliche kulturkritische Diffamierung der Fernsehproduktionen als schlechthin verdummend, einfallslos und regressiv handelte. Wenn Adorno meint, »die Produkte der Kulturindustrie (seien) flacher und standardisierter als je einer ihrer Liebhaber sein kann«[27], so äußert sich darin die Voreingenommenheit des bürgerlichen Ästheten gegenüber der Trivialkunst. Der Kulturkritiker sieht auf die niedrige Unterhaltung von oben herab, aus der Vogelperspektive der hohen Kunst. Er sieht sie nicht für sich sondern stets im Vergleich mit den avancierten Produkten bürgerlicher Kunst. Gewiß – er kritisiert zu Recht die bewußte Planung trivialer Produkte im Interesse des Profits, die Verdummung zum Zwecke des massenhaften Absatzes, die industrielle Fertigung von Glücksgefühlen, die irgendwo schal bleiben müssen. Aber woran liegt das? Die Massenmedien sind in die Lücke gestoßen, die Religion und Kunst gelassen haben. Es ist doch so, daß die klassische, die romantische und die moderne Kunst nicht der Sehnsucht die Zunge lösen konnten, die im Kitsch der Bewußtseinsindustrie jetzt eine wenn auch reduzierte Befriedigung findet. Anstatt immer nur zu diffamieren und zu bedauern wäre es angebracht, die Sinnkonstruktionen der Trivialkunst ebenso anzuerkennen wie die Sinnbedürfnisse, die sich in ihrem Konsum zeigen. Das Publikum will diese Produkte nicht einfach, weil es manipuliert wurde, sondern weil sie unter den herrschenden Bedingungen seine Unterhaltungs- und Orientierungsbedürfnisse wenigstens teilweise befriedigen können. Will sagen: Die Volksreligion ist auch Religion des Volkes, nicht nur Religion für das Volk.

Zweitens: Nach all diesen Vermutungen über Sinn- und Wertorientierungen via Fernsehen drängt sich natürlich die religionskritische Frage auf: Huldigen nicht die Produktionen des Fernsehens dem Infantilismus, sind sie nicht Rückfall auf eine frühere Stufe der Entwicklung gemäß dem Feuerbachschen Diktum: »Religion ist das kindliche Wesen der Menschheit«?[28] Tendenzen der Verkindischung und Simplifizierung lassen sich überall, und besonders exemplarisch etwa an der Aufmachung der BILD-Zeitung, beobachten. Dieses Phänomen ist oft mit dem Gesetz der Massenmedien erklärt worden, standardisierte, auf einen niedrig angesetzten Durchschnittsgeschmack hin konzipierte Angebote machen zu müssen, wenn diese Produkte massenhaft gekauft werden sollen. Attraktivität sei an Simplizität und Trivialität gebunden, hoher Profit mit differenzierterem Angebot nicht zu vereinbaren, massenhafter Absatz nur um den Preis der Regression möglich. Ist aber der Erfolg der Massenmedien wirklich an die Ausbeutung der infantilen Bedürfnisse gebunden? Stehen dahinter nicht primär Profit- und Herrschaftsinteressen? Ein Zuviel an Infantilität wird vom Publikum inzwischen selbst zurückgewiesen, wie etwa der Erfolg der Lieder von Reinhard Mey und Udo Lindenberg beweist. Natürlich werden auch alternative Ansätze sofort vermarktet; die Heroen der Rock- und Beatmusik gehören längst in den Bereich der Trivialmythen. Immerhin zeigt sich an ihrem Erfolg, daß Spielräume für weniger infantile und autoritarismusanfällige Produktionen vorhanden sind. Knüpfte Religion an frühkindliche Erfahrungen an, so zuweilen wenigstens, das zeigt eine Analyse ihrer Sprache, an Erfahrungen des Urvertrauens und der Geborgenheit. Die massenmediale Infantilität hingegen bezieht sich eher auf Erfahrungen des Urmißtrauens und der Angst, die sie durch Gewalt, Ordnung und Alltagsflucht zu bannen versucht. Ordnungsbedürfnis, Wirklichkeitsvertrauen und Mündigkeit miteinander zu verbinden wäre also das Ziel einer nicht-regressiven Sinnvergewisserung in den Massenmedien.

Drittens: Auf welche These laufen all diese Beobachtungen hinaus? »Jede ordnende und ordnungsheischende Geste«, sagt Peter Berger in seinem Buch ›Auf den Spuren der Engel‹, »ist ein Zeichen der Transzendenz[29].« Man denke nur an die wohl fundamentalste aller ordnungstiftenden Gesten – die der ihr ängstliches Kind beruhigenden Mutter. Auch unser Medienalltag ist durchsetzt von ordnenden Gesten, und insofern scheint er ein über sich selbst hinauswachsender Alltag. Er läßt die Welt nur vor als geordnete, sortierte, in Sparten eingeteilte, überschaubare – die Welt der Politik, der Arbeit, der Wirtschaft, des Sports, der Unterhaltung; die Welt der Hausfrauen, der Kinder, der Alten und Einsamen, der Gläubigen. Jede Krisenmeldung wird so kommentiert, daß der Eindruck entsteht: So schlimm ist es ja nicht. Wird schon wieder in Ordnung gehen. Insofern bieten die Medien trotz aller Sachlichkeit Trost und Lebenshilfe, vermitteln Sicherheit und Geborgenheit. Gleichwohl: Eine symbolische Sinnwelt im Vollsinn des Wortes konstituieren die Massenmedien (noch) nicht. Ihre Wirkung beschränkt sich noch auf die helleren Seiten der Alltagswelt. Bestürzende Erfahrungen politischen Schreckens – Kriege und Katastrophen – können sie durch die Art ihrer gleichermaßen distanzierten wie ontologisierenden Berichterstattung einigermaßen bewältigen. Dem Einbruch von Schmerz, Leiden und Tod in die individuelle Sphäre zeigen sie sich jedoch nicht gewachsen (obwohl Sendungen wie »Pfarrer Sommerauer antwortet« auch dies versuchen, dabei aber, so mein Eindruck, scheitern). Es ist immer noch die christliche Sinnwelt, die dem Menschen hilft, mit den lebensgeschichtlichen Knotenpunkten und Krisensituationen (Geburt, Pubertät, Hochzeit, Tod) fertig zu werden. In diesen Situationen greifen die

Menschen immer noch auf die Kirche und damit auf eine Sprache zurück, die nicht mehr die ihre ist und ihnen dennoch etwas zu sagen scheint. Peter Cornehl sieht darin mit Recht »die Erwartung, mit Hilfe der Kirche die Sprachlosigkeit gegenüber dem Nichtalltäglichen zu überwinden; die Hoffnung, Religion könne dazu helfen, so etwas wie die Ganzheit und Tiefe des Lebens zu formulieren. Die religiöse Sprache, die man selbst kaum noch aktiv beherrscht, wird geduldet, sie ist erwünscht, weil sie (bzw. sofern sie) es vermag, in den Bereich der Wahrheit eines Lebens vorzudringen und in den symbolischen Handlungen und Gesten, aber auch im Wort die Schmerzen und Verheißungen des Lebens, seinen Sinn und seine Transzendenz zum Ausdruck zu bringen[30].« Ob diese emotionelle Stabilisierung tief reicht, muß bezweifelt werden; wirkliche Aufarbeitung der Krisensituationen findet nur selten statt.

Zurückgegriffen wird auf das kirchliche Angebot ja auch, weil es das Monopol hat. Auch die Überhöhung des Lebenszyklus in den Ostblockländern ist nur Imitation der christlichen Feiern. Kurz: Bestimmen die Massenmedien den Alltag, so die traditionelle Religion immer noch das Nichtalltägliche. Die Religion der Massenmedien ist also eine Religion, die auf der Verdrängung von Leid, Schmerz und Tod beruht. (Man müßte vielleicht genauer formulieren: Präsent in den Massenmedien ist nur der gewaltsame Tod, dies allerdings massiv und ohne Verständnis für die Opfer.) Die traditionelle Religion trägt aber zu dieser Verdrängung bei, weil sie den Skandal, der darin liegt, nicht öffentlich macht. Denn der gesellschaftlich produzierte Tod wird in der familiären Trauerfeier seines Stachels beraubt. War die christliche Auferstehungsbotschaft einmal Hoffnung gegen die offen benannte Erfahrung der Vergänglichkeit, so beschwichtigt heute Kirche die verschwiegene Angst vor der Vergänglichkeit. Überspitzt formuliert: Die »Leere« des Lebens, den sinnentleerten, tödlichen Alltag überspielen die Massenmedien, die endgültige Leere wird von der Kirche zugedeckt. Nur selten kommt es zum Protest gegen den gestreckten Tod mitten im Leben. Die Massenmedien sind eine Religion des Status quo, wenn man so will, eine Baalsreligion, die den Bestand der Welt durch Unterhaltungsriten garantieren möchte, Glück vermitteln ohne Beziehung zu Schmerz und Leid.

Habermas sagt in »Legitimationsprobleme im Spätkapitalismus«, es gibt keine administrative Erzeugung von Sinn[31]. Müßte man nicht ergänzen: aber doch (kultur)industrielle. Anders gesagt: Die objektivistische Aufbereitung kultureller Überlieferung wird nicht durchschaut, sondern ist ungebrochen wirksam in den Massenmedien. Die kulturellen Werte sind nicht abgekoppelt[32], sondern fahren – bildlich gesprochen – in trivialisierter Form weiter auf der Sozialisationsschiene mit. Daher läßt sich auch kein genaues Wechselverhältnis zwischen abnehmendem Sinn und zunehmendem Wert feststellen, vielmehr: Trivialisierte Legitimationen müssen immer noch kompensieren, was systemkonforme Entschädigungen nicht hinreichend leisten.

Eine Aushöhlung der Reproduktionsbedingungen der klassisch-kulturellen Überlieferungen findet nicht in jenen Schichten statt, die an diesen bislang nur peripher partizipiert haben – die Arbeiter und Angestellten. Diese sind, ohne die bürgerliche Kultur noch ihre Negation beerbt zu haben, unvermittelt zu Konsumenten der modernen Massenkultur geworden – von Boulevardpresse, Film, Rundfunk und Fernsehen. Die Durchsetzung dieser neuen Medien hängt eng zusammen mit den von ihnen angebotenen simpel-trivialen Deutungsmustern. Verschleißeffekte können dadurch aufgefangen werden, daß immer neue Spielarten der Trivialisierung kultureller Werte gefunden werden. Das Repertoire des Kitsches ist quasi unerschöpflich, das glanzvolle Elend vermag in immer neuen Kostümierungen aufzutreten, so wie der Schlager in Tausenden von Varianten die klassische und romantische Natur- und Liebeslyrik ausbeutet und von ihr lebt, so wie im Film einige wenige Grundstories in den verschiedensten Genres immer wieder neu erzählt und realisiert werden können. Mit der Abnahme traditionaler Deutungssysteme wächst den Massenmedien unter der Hand die Funktion der Deutung von Wirklichkeit und damit von Sinngebung zu. Diese Sinngebungen werden nicht als administrativ bzw. kommerziell erzeugte erfahren oder durchschaut, sondern im »Zirkel von Manipulation und rückwirkendem Bedürfnis« (Adorno/Horkheimer) von den Zuschauern und Zuhörern gewollt. Die Transzendierung der gegenwärtigen Gesellschaftsverfassung bleibt auf die illusionäre Träumerei beschränkt. Die den modernen Medien innewohnende Tendenz zur Simplifizierung (und Verkindischung) muß sich zwangsläufig in Richtung auf Konservativismus auswirken, verstärkt so unaufgeklärte Bewußtseinszustände und einen sowohl durch Erziehung wie durch soziale Ängste immer wieder virulenten Hang zu law and order. Dies erklärt die nach kurzen Veränderungsaufschwüngen und Politisierungsphasen stets wieder attraktive Formel »Keine Experimente« – die Erfolge von Politikern, die Geborgenheit und Sicherheit vermitteln – in einer Fernsehwelt voller Vaterfiguren ohnehin keine Überraschung! Die sogenannte »Aufstörung kultureller Selbstverständlichkeiten« in der Bildungs-, Gesundheits-, Stadt- und Familienplanung[33] wurde

die Ewigkeit
Rinde des Nachtbaums,
rostgeborene Messer
flüstern dir zu die Namen,
die Zeit und die Herzen
ein Wort, das schlief, als wir's
hörten
schlüpft unter das Laub:
beredt wird der Herbst sein
beredter die Hand, die ihn
aufliest
frisch wie der Mohn des
Vergessens
der Mund, der sie küsst

primär vorangetrieben von Angehörigen der Mittelschichten, die auch in den Bürgerinitiativen dominieren; ihre Gefolgschaft bei den unmittelbar Betroffenen ist gering.

Die Kirche hat sich mit ihrer Verdrängung aus der Alltagswelt abgefunden, sie ist und bleibt präsent an den Krisensituationen des Lebens, ohne von daher noch kritische Gegenpositionen bzw. Hoffnungsperspektiven aufbauen zu können. Man mag bezweifeln, ob die oberflächlichen Sinnangebote der Massenmedien auch noch tragen, wenn die Verringerung systemkonformer Entschädigungen schmerzhaft erfahren wird (wie in Zeiten wachsender Arbeitslosigkeit). Die permanente Begleitung durch die Medien bleibt dennoch ein entscheidender Unterschied zu jenen Zeiten, wo es im Elend allenfalls den nicht immer überzeugenden Trost der Religion gab. Die traurige Wahrheit des Witzes, den ich kürzlich las: »Oma war nicht allein, als sie starb. Der Fernseher lief« enthüllt einen Zustand von stillgelegter Legitimationskrise, der gebieterisch verlangt, daß bei seiner Analyse die Bedingungen heutiger Massenmedienkultur berücksichtigt werden. Anders gefragt: Trägt diese Kultur die Züge einer neuen Religion? Wo zeigen sich dann neben den stabilisierenden deren emanzipative Tendenzen? Wo zeigt sich jene andere Möglichkeit der Medien, den Massen, wie Benjamin es einmal formulierte, nicht nur zu ihrem Ausdruck zu verhelfen, sondern zu ihrem Recht?[34] Zu Beginn und an den Höhepunkten des Mediums Film schlug sich diese neue Form der Massenkommunikation parteilich auf die Seite der Entrechteten – so wie in gesellschaftskritischer Religion auch jeweils die neue Form der Kommunikation so wichtig war wie die intendierten Ziele Befreiung und Gerechtigkeit. Es hieße, sich unwillentlich auf die Seite der Profitinteressen schlagen, wollte man die Trivialisierung in den Massenmedien zu einem immanenten Zwang erklären.

Skizze zur Ritualisierung des Alltags durch die Massenmedien

Werktags Tätigkeit	Tageszeit Uhr	Medienbegleitung Zu Hause Rundfunk Uhr
Aufstehen Waschen Frühstück	6–8	Morgenmagazin 6.05–9 Zeitungslektüre
Fahrt zum Arbeitsplatz	7–8.30	
Hausfrauentätigkeit Betrieb/Büro Vormittagsschicht	8–12	Daheim und unterwegs Musik- u. Informationssendungen 9.20–12.05
Mittagessen Mittagspause	12–13	Mittagsmagazin 12.05–14.45
Nachmittagsschicht Kinderbeaufsichtigung	13–17	Kinderprogramme Pop-Musik 15–17
Rückfahrt v. Arbeitsplatz	16–17	
Abschlaff-Phase	17–18	Familienprogramm
Abendessen	18–19	Radiothek 19–21
Gespräch über TV-Programm Fernsehen	19	Unterhaltungsmusik 19.30–21
Zu Bett gehen	22	
Fernsehen	22.30–24	
Samstags	15	Kinderprogramm
	16	Unterhaltung (Blauer Bock)
	17.48	Sportschau
	20.15	Familienspiel Am laufenden Band,
	22	Film, Sportschau/Spätkrimi, Film
Sonntags	10.30	Kinderprogramm
	16	Kinofilme/Sportschau, Übertragung
	18.15	Sportschau/Serie: Die Waltons etc.
	20.15	Tatort (Krimi)

Fernsehen Uhr	Nahverkehr/Auto	Betrieb
	Zeitungslektüre/ Morgenmagazin	
		Gespräch über TV Bild-Zeitung
TV Kinder- und Altenprogr. 16 – 18.30 (Schaukelstuhl, Kimba, Sesamstr.)		
	Zeitung/Musik	
Vorprogramm Werbung 18 – 20 Hauptprogramm 19.30 – 22.30		
	Spätprogramm bzw. Fußball-Europacup	

Anmerkungen

Zu: Fischer/Marhold, Religionssoziologie als Wissenssoziologie, S. 7ff.

1 Diese Skizze verdankt sich stark den folgenden Werken, ohne daß dies jeweils hätte ausgewiesen werden können: Schütz, A., Gesammelte Aufsätze, 3 Bde., Den Haag 1971f.; Berger, P./Luckmann, Th., Die gesellschaftliche Konstruktion der Wirklichkeit. Eine Theorie der Wissenssoziologie, Frankfurt/M. 1969; Berger, P., Zur Dialektik von Religion und Gesellschaft. Elemente einer soziologischen Theorie, Frankfurt/M. 1973; Arbeitsgruppe Bielefelder Soziologen, Alltagswissen, Interaktion und gesellschaftliche Wirklichkeit, 2 Bde., Reinbek 1973; Schütze, F., Sprache – soziologisch gesehen, 2 Bde., München 1975.
2 Drehsen, V., Zum Interesse der sozialwissenschaftlichen Kritik an der Religion, in: Dahm, K. W./Drehsen, V./Kehrer, G., Das Jenseits der Gesellschaft, München 1975, 297.
3 Marhold, W., u.a. Religion als Beruf, 2 Bde., Stuttgart 1977.
4 Fischer, W., Pfarrer auf Probe. Identität und Legitimation von Vikaren, Stuttgart 1977.
5 Schibilsky, M., Religiöse Erfahrung und Interaktion. Die Lebenswelt jugendlicher Randgruppen, Stuttgart 1976.
6 Berger, P./Luckmann, Th., Die gesellschaftliche Konstruktion der Wirklichkeit, Frankfurt/M. 1969, 197.
7 Eine Auswahl exemplarischer Texte dieser Forschungstraditionen wurde in Deutschland erstmals 1973 zugänglich gemacht: Arbeitsgruppe Bielefelder Soziologen, Alltagswissen, Interaktion und gesellschaftliche Wirklichkeit, 2 Bde., Reinbek 1973.

Zu: Mörth, Zur Konstitutionsanalyse . . ., S. 21ff.

1 Berger, P. L./Luckmann, Th., Die gesellschaftliche Konstruktion der Wirklichkeit, Frankfurt/M. 1969.
2 Berger, P. L./Luckmann, Th., Sociology of Religion and Sociology of Knowledge, in: Sociology and Social Research 47 (1963), Nachdruck in: Birnbaum, N./Lenzer, G. (Hg.), Sociology and Religion, Englewood Cliffs/N. J. 1969, 416.
3 Für eine ausführlichere Darstellung der Entfaltung der religionssoziologischen Grundproblematik durch Karl Marx, Max Weber und Emile Durkheim siehe Mörth, I., Die gesellschaftliche Wirklichkeit von Religion. Grundlegung einer allgemeinen Religionstheorie, Stuttgart 1978.
4 Berger, P. L., Zur Dialektik von Religion und Gesellschaft, Frankfurt/M. 1973.
5 Luckmann, Th., Zum Problem der Religion in der modernen Gesellschaft: Institution, Person und Weltanschauung, Freiburg 1963, engl. erw. Ausgabe: The Invisible Religion: The Transformation of Symbols in Industrial Society, New York 1967.
6 Luckmann, Th., Religion in der modernen Gesellschaft, in: Wössner, J.

(Hg.), Religion im Umbruch. Soziologische Beiträge zur Situation von Religion und Kirche in der gegenwärtigen Gesellschaft, Stuttgart 1972, 5.

7 Dux, G., Ursprung, Funktion und Gehalt der Religion, in: Internat. Jahrb. f. Religionssoziologie, Bd. 8, Opladen 1973, 19.

8 Dux (Anm. 7) 32.

9 Dux (Anm. 7) 34.

10 Dux (Anm. 7) 38.

11 Dux (Anm. 7) 39.

12 Dux (Anm. 7) 20.

13 Vgl. den Marxschen Praxisbegriff: Praxis bedeutet » . . . sich aktiv zu verhalten, sich gewisser Dinge der Außenwelt zu bemächtigen durch die Tat, um so . . . Bedürfnisse zu befriedigen.« (MEW, Bd. XX, 362).

14 Als kontingent wollen wir in Anschluß an Luhmann eine Erfahrung oder Handlung dann bezeichnen, wenn sie eine Selektion aus mehreren alternativen Möglichkeiten darstellt und dadurch von Unsicherheit oder Enttäuschung bedroht ist. Vgl. dazu auch O'Dea, T., The Sociology of Religion, Englewood/Cliffs/N. J. 1966, der Religion am Grundproblem der Unsicherheit und Kontingenz (neben den Grundproblemen der Machtlosigkeit und Knappheit) ansetzt.

15 Die analytischen Kategorien personal, interpersonal und transpersonal werden im Sinne einer feldtheoretischen Mehrebenenanalyse verwendet. Vgl. dazu ausführlich Mörth, I. (Anm. 3) sowie Wössner, J., Das soziale Feld – Versuch zu einer soziologischen Grundkategorie, in KZfSS, 21 (1969) 16ff. und Gurvitch, G., Dialektik und Soziologie, Neuwied 1965.

16 Siehe dazu Mead, G. H., Philosophie der Sozialität, Frankfurt/M. 1969, und ders., Geist, Identität und Gesellschaft, Frankfurt/M. 1973.

17 Luhmann definiert: »Sinn ist eine Strategie selektiven Verhaltens unter der Bedingung hoher Komplexität.« Luhmann, N., Moderne Systemtheorie als Form gesamtgesellschaftlicher Analyse, in: Habermas, J./Luhmann, N., Theorie der Gesellschaft oder Sozialtechnologie – Was leistet die Systemtheorie, Frankfurt/M. 1971, 12.

18 Brunmayr, E., Konzeptualisierung. Elemente, Struktur und Prozeß der Wirklichkeitskonstituierung, unveröff. Diss. Linz 1975, 20ff.

19 Der Begriff stammt von Th. Newcomb.

20 Schütz, A., Der sinnhafte Aufbau der sozialen Welt, Wien 1960, 29ff.

21 »Jedermann steht in wechselseitigen Beziehungen zu anderen Menschen, ist Mitglied einer sozialen Gliederung, in die er geboren wurde, oder der er sich angeschlossen hat, die vor ihm bestanden hat und nach ihm bestehen wird. Jedes gesellschaftliche Gesamtsystem hat Verwandtschaftsstrukturen, Altersgruppen, Geschlechtsgliederungen, hat Arbeitsteilung und Differenzierung nach Beschäftigungen, hat Macht- und Herrschaftsverhältnisse, Führer und Geführte und die mit all dem zusammenhängenden Typisierungen. Für jedermann ist auch die Sozialwelt als ein Ordnungssystem mit bestimmten Verhältniskonstanten erlebbar, wiewohl seine Auffassungsperspektiven, seine subjektiven Auslegungen der gesellschaftlichen Ordnungen von seinem Standort abhängen, der ihm teils auferlegt, teils aus der biographischen Kette seiner Entscheidungen bestimmt ist . . .« Luckmann, Th./Schütz, A., Strukturen der Lebenswelt, Neuwied 1975, 35.

22 Die 7 Todsünden in der katholischen Glaubenslehre thematisieren gerade die sozial schädlichsten Strebungen des Individuums. Die Ver-

bindung des Konzeptes der Sünde mit dem Sakrament der Buße verheißt dann die kompensatorische Wiederherstellung der Einheit mit dem Göttlichen, in der die Beschränkungen der Sozialexistenz aufgehoben sind.

23 Siehe Mead 1973 (Anm. 16), ferner Krappmann, L., Soziologische Dimensionen der Identität, Stuttgart 1971.

24 Schütz (Anm. 20), S. 181 ff.

25 Schütz (Anm. 20), S. 115 ff., unter Auslassung der Texthervorhebung von Schütz.

26 Zur Unterscheidung immanenter Akte der Selbstauslegung und transzendenter Akte des Fremdverstehens folgendes Zitat von Husserl: »Unter immanent gerichteten Akten, allgemeiner gefaßt, unter immanent bezogenen intentionalen Erlebnissen, verstehen wir solche, zu deren Wesen es gehört, daß ihre intentionalen Gegenstände, wenn sie überhaupt existieren, zu dem selben Erlebnisstrom gehören, wie sie selbst . . . Transzendent gerichtet sind intentionale Erlebnisse, für die das nicht statt hat, wie z. B. . . . auf intentionale Erlebnisse anderer Ichs mit anderen Erlebnisströmen gerichtete Akte.« (1950, Bd. I, 85.)

27 Schütz (Anm. 20), 201 ff.

28 Schütz (Anm. 20), 129 ff.

29 »Religion ist ein System von Überzeugungen und Praktiken, mit Hilfe derer sich eine Gruppe von Menschen mit den letzten Problemen des menschlichen Lebens auseinandersetzt.« Yinger, J. M., Religion, Society and the Individual, New York 1957.

30 Siehe Wössner, J., Religion als menschliche Theorie. Zur religiösen Problematik der gegenwärtigen Gesellschaft. Referat auf den Paderborner Hochschulwochen, unveröff. Manuskript, Linz 1975.

31 Auch heute wird das negierend-revolutionäre Element christlicher Religion immer wieder manifest. Siehe Frankl, V., Torres war kein Katholik, in: Neues FORUM, Internat. Zeitschr. f. d. Dialog, 18. Jg. März/April 1971, 28 ff. oder Girardi, G., Revolutionäre Gewalt aus christlicher Verantwortung, Mainz 1971.

32 Luhmann kennzeichnet etwa die religiöse Situation der modernen westlichen Industriegesellschaft dadurch, daß »die Kontingenz der Welt als Ausdruck der Allmacht Gottes religiös legitimiert und damit zugleich der Spielraum für gesellschaftliche Weltkonstitution ins fast Beliebige ausgedehnt worden ist.« (Luhmann, N.: Die Organisierbarkeit von Religionen und Kirchen, in Wössner [Anm. 6], 251.)

33 Der achtgliedrige Pfad wird meist so übersetzt: »Rechte Anschauung, Rechter Entschluß, Rechtes Reden, Rechtes Handeln, Rechte Lebensweise, Rechtes Streben, Rechtes Gedenken und Rechtes Sichversenken.« (Siehe Schlette, R.: Einführung in das Studium der Religionen, Freiburg 1971, 43.).

Zu: Drehsen, Religiosität und Bewußtsein, S. 38 ff.

1 Nicht erst dieser gleichsam programmatische Band macht das deutlich, sondern schon N. Greinacher hat 1969 angemahnt, daß »bis jetzt in größerem Ausmaß die wissenssoziologischen Erkenntnisse auf religiöse oder kirchliche Phänomene (kaum) angewandt« worden sind: N. Greinacher, Wissenssoziologie und Religion, in: IDZ 2/1969, 97 ff.

2 Schler, M., Versuch zu einer Soziologie des Wissens, München/Leipzig

1924. – Ders., Die Wissensformen und die Gesellschaft, Leipzig 1926. – Mannheim, K., Ideologie und Utopie, 4. Aufl., Frankfurt/M. 1965.

3 Hierzu: Matthes, J., Kirche und Gesellschaft, Einführung in die Religionssoziologie II, Reinbek 1968.

4 Vgl. Köster, R., Die Kirchentreuen, Stuttgart 1959.

5 Außer Köster, ebd., vgl. Luckmann, Th., Das Problem der Religion in der modernen Gesellschaft, Freiburg 1963.

6 Vgl. Drehsen, V., Zum Interesse sozialwissenschaftlicher Kritik an der Religion, in: Dahm, K. W./Drehsen, V./Kehrer, G., Das Jenseits der Gesellschaft. Religion im Prozeß sozialwissenschaftlicher Kritik, München 1975, 281 ff.

7 Vgl. Fürstenberg, F. (Hg.), Religionssoziologie, 2. Aufl., Berlin/Neuwied 1970, 13 ff.

8 Vgl. Lenk, K. (Hg.), Ideologie, 4. Aufl., Berlin/Neuwied 1970. – Kosellek, R., Kritik und Krise, Freiburg/München 1959. – Drehsen, V. (Anm. 6).

9 Vgl. Rendtorff, T., Gesellschaft ohne Religion? München 1975.

10 So Weber, M., Wirtschaft und Gesellschaft, Tübingen 1921 u. ö.

11 Berger, P. L./Luckmann, Th., Die gesellschaftliche Konstruktion der Wirklichkeit, Frankfurt/M. 1969.

12 Schütz, A., Der sinnhafte Aufbau der Welt, 2. Aufl., Wien 1920. – Zu Weber, M., vgl. etwa seinen Aufsatz »Die Objektivität sozialwissenschaftlicher und sozialpolitischer Erkenntnis« aus dem Jahre 1904; abgedruckt in: Gesammelte Aufsätze zur Wissenschaftslehre, Tübingen 1922. – Berger, P. L./Luckmann, Th. (Anm. 11).

13 Gehlen, A., Der Mensch. Bonn 1955. – Plessner, H., Die Stufen des Organischen und der Mensch, 2. Aufl., Berlin 1965. – Vgl. auch: Luckmann, Th., Zwänge und Freiheit im Wandel der Gesellschaftsstruktur, in: Gadamer, H.-G./Vogler, P. (Hg.), Neue Anthropologie, Bd. 3, Stuttgart 1972, 168 ff.

14 Thomas, W. I., On Social Organization and Social Personality, Chicago/London 1966.

15 Rössler, D., Die Vernunft der Religion, München 1976, 18.

16 Vgl. hierzu Luhmann, N., Zur Funktion der Religion, Frankfurt/M. 1977.

17 Vgl. Luckmann, Th., Das Problem (Anm. 5).

18 Vgl. hierzu ausführlicher den Abschnitt »Religion und Identität in der modernen Gesellschaft«, in: Dahm, K. W./Drehsen, V./Kehrer, G. (Anm. 6), 312 ff.

19 Berger, P. L./Luckmann, Th. (Anm. 11).

20 Dieser Aspekt wurde besonders untersucht von Herberg, W., Protestant – Catholic – Jew, Garden City 1956.

21 Vgl. hierzu etwa König, R., Die Familie der Gegenwart, 2. Aufl., München 1977.

22 Vgl. hierzu etwa Mitscherlich, A., Auf dem Wege zur vaterlosen Gesellschaft, München 1963.

23 Vgl. Drehsen, V. (Anm. 6). – Hahn, A., Religion und der Verlust der Sinngebung, Frankfurt/M. 1974. – Rössler, D. (Anm. 15).

24 Vgl. Helle, H. J., Soziologie und Symbol, Köln/Opladen 1969. – Ders., Tendenzen zu einer Religiosität der Erfahrbarkeit, in: Volp, R. (Hg.), Chancen der Religion, Gütersloh 1975, 69 ff.

25 Vgl. hierzu etwa Drehsen, V., Sozialethik in der Konfrontation mit Praxis, in: ZEE 20/1976, 140 ff.

26 Insbes. Simmel, G., Über sociale Differenzierung. Nachdruck Amsterdam 1966.
27 Vgl. hierzu Rendtorff, T., Gott – ein Wort unserer Sprache? München 1972. – Ders., Gesellschaft ohne Religion? (Anm. 9).
28 Weber, M. (Anm. 10).
29 Vgl. auch Luckmann, Th., Das Problem (Anm. 5).
30 Die Unterscheidung von Heiligem und Profanem spielt besonders bei Emile Durkheim eine hervorragende Rolle in der Religionstheorie; vgl. dazu sein Werk Les formes élément'aires de la vie religieuse, Paris 1912. – Vgl. hierzu auch Drehsen, V., Religion – der verborgene Zusammenhalt der Gesellschaft: Emile Durkheim und Georg Simmel, in: Dahm, K. W./Drehsen, V./Kehrer, G. (Anm. 6), 57ff.

Zu: Döbert, Sinnstiftung ohne Sinnsystem? S. 52ff.

1 Luhmann, N., in: Habermas, J./Luhmann, N., Theorie der Gesellschaft oder Sozialtechnologie, Frankfurt/M. 1971, 37.
2 Schütz, A., Der sinnhafte Aufbau der sozialen Welt, Wien 1960, 40.
3 Schütz diskutiert zwar Sinnschichten, hat jedoch die Ebene, auf der man sich bewegt, wenn man nach dem ›Sinn des Lebens‹ fragt, nicht ausführlich behandelt.
4 Vgl. zum Folgenden Döbert, R./Nunner-Winkler, G., Adoleszenzkrise und Identitätsbildung, Frankfurt/M. 1975.
5 Inhelder, B./Piaget, J., The Growth of Logical Thinking from Childhood to Adolescence, New York, 1958, 339f. Übersetzung durch die Herausgeber.
6 Die beiden Zitate stehen streng genommen nicht für einen reinen Alterseffekt, sondern für einen Alter-mal-Schicht-Effekt. Das ist insofern unproblematisch, als die Alters- und die Schichtvariable sich wechselseitig verstärken: Je höher Schicht und Alter, desto komplexer und reflektierter die Antworten und umgekehrt. Die Auswahl mußte so getroffen werden, weil ich aus Platzgründen die Zitate nicht kommentieren kann und daher Äußerungen nehmen mußte, von denen ich sicher war, daß die Unterschiede zwischen ihnen unmittelbar ins Auge springen. Die Zitate sind ins Hochdeutsche übersetzt. Die Interviews entstammen einer Erhebung, mit der Frau Dr. Nunner-Winkler und ich im Moment noch befaßt sind.
7 Der Auszug ist stark gekürzt, da sich das Gespräch über Religion sehr lange hinzog.
8 Vgl. Döbert, R./Nunner-Winkler, G. (Anm. 4).
9 Ich fasse hier kurz die wichtigsten unter sozialisationstheoretischen Gesichtspunkten interessanten Informationen zusammen, ohne sie interpretieren zu können. Der sozialisationstheoretisch bewanderte Leser wird sich die entsprechende theoretische Interpretation wenigstens in den Grundzügen leicht zusammenbasteln können.
10 Vgl. Goffmann, E., Wo was los ist – wo es action gibt, in: Interaktionsrituale, Frankfurt/M. 1971, 164–292.
11 Wie Hans-Jürgen Benedikt, der in diesem Band auch auf ein formales Merkmal von Fernsehsendungen abhebt, wenn er ihre Ritualisierungsfunktion hervorhebt, ziele auch ich nicht auf den Gehalt von Fernsehsendungen ab, sondern auf ihre formale Struktur: den schnellen Umschlag von Informationen, die Abwechslung. Weil es in erster Linie

darum geht, sollte man m. E. Fernsehen nicht so sehr als ›Sinnsystem‹ analysieren, da damit suggeriert würde, daß Fernsehen ein funktionales Äquivalent für die traditionellen religiösen Deutungssysteme darstellen würde. Das wäre m. E. jedoch insofern irreführend, als Fernsehen eher zu den Mechanismen gehört, die dafür verantwortlich sind, daß die Funktionen, die Religion traditionellerweise erfüllt hat, tendenziell entfallen können.

Zu: Schibilsky, Konstitutionsbedingungen . . ., S. 73ff.

1 Anmerkungen und Literaturhinweise sind im Wissenssystem Wissenschaft häufig nicht nur eine Hilfestellung und Denkanregung für den interessierten Leser, sondern – um in der Begrifflichkeit dieses Beitrages verfangen zu bleiben – Handlungsstrategien zum Kompetenz-Nachweis, eine Sicherungsstrategie ungesicherten Wissens. In religiöser Welt versagen bekanntlich solche Sicherungsstrategien häufig. Aus pragmatischen Gründen nenne ich hier lediglich die unmittelbar von mir verwendeten Titel, deren Autoren zumeist im fortlaufenden Text genannt sind. Der jeweils damit angesprochene gedankliche Hintergrund findet sich in den hier genannten Beiträgen der jeweiligen Autoren (hier in alphabetischer Reihenfolge): Bohnsack, R., Handlungskompetenz und Jugendkriminalität, Neuwied 1973. Baacke, D., Kommunikation und Kompetenz. Grundlegung einer Didaktik der Kommunikation und ihrer Medien, München 1973. Arndt, M. (Hg.), Religiöse Sozialisation, Stuttgart 1975, hier der Beitrag von Bukow, W.-D., Entwicklung sozialer und deutungsbezogener Kompetenz im alltäglichen Leben, 50–70. Dux, G., Zur Theorie der Religion. Ursprung, Funktion und Gehalt der Religion, in: Internationales Jahrbuch für Religions- und Wissenssoziologie Bd. 8, Opladen 1973, 7–67. Fischer, W., Legitimationsprobleme und Identitätsbildungsprozesse bei evangelischen Theologen, Münster 1976 (gekürzte Ausgabe: Pfarrer auf Probe, Stuttgart 1977). Luhmann, N., Funktion der Religion, Frankfurt/M. 1977. Marhold, W., Der Pfarrer in der Sicht der Kirchengemeinde, in: Wissenschaft und Praxis in Kirche und Gesellschaft, 64 (1975), 168–181. Matthes, J. (Hg.), Erneuerung der Kirche. Stabilität als Chance? Folgerungen aus einer Umfrage, Gelnhausen 1975 (darin seinen eigenen Beitrag). Schütz, A./Luckmann, Th., Strukturen der Lebenswelt, Neuwied 1975. Wach, J., Religionssoziologie, Tübingen 1951.

Zu: Geller, Modell zur Erklärung . . ., S. 101ff.

1 Garfinkel, H., Das Alltagswissen über soziale und innerhalb sozialer Strukturen, in: Arbeitsgruppe Bielefelder Soziologen (Hg.), Alltagswissen, Interaktion und gesellschaftliche Wirklichkeit 1, Reinbek 1973, 189–266, hier 190.

2 Diese Aussagen werden ausführlich abgeleitet in: Geller, H., Strategien zur Bewährung religiöser Deutungsschemata im Alltag. Ein historischer und empirischer Beitrag zur Religionssoziologie, Kap. 2, Diss. Bielefeld 1976, 13–23.

3 Die Anwendung des Modells zur Erklärung der Entwicklung des Katholizismus erfolgt in: Geller, H. (Anm. 2), Kap. 4 u. 5.
4 Vgl. Scheuch, E. K., Die Sichtbarkeit politischer Einstellungen im alltäglichen Verhalten, in: Scheuch, E. K./Wildenmann, R., Zur Soziologie der Wahl, Köln und Opladen 1965, Sonderheft 9 der KZfSS, 169–214, hier 173.
5 Vgl. Schütz, A., Die Gleichheit und die Sinnstruktur der sozialen Welt, in: Gesammelte Aufsätze Bd. 2, Den Haag 1972, 203–255, hier 212.
6 Vgl. Schütz, A., Das Problem der Relevanz, Frankfurt/M. 1971, 66.
7 Vgl. Schütz, A., Die Gleichheit (Anm. 5), 213.
8 Vgl. Schütz, A., Die Gleichheit (Anm. 5), 215.
9 Diese Verknüpfungsregeln sind in den einzelnen Gesellschaften verschieden. Berger, P. L., und Luckmann, Th., beschreiben diesen Sachverhalt für psychologische Theorien: »Der Mann in Haiti, der die Voudou-Psychologie internalisiert, wird zum Besessenen, wenn er gewisse Zeichen entdeckt. Der Intellektuelle in New York, der die Psychologie nach Freud internalisiert, wird zum Neurotiker, wenn er gewisse Symptome entdeckt. Tatsächlich wird das Individuum selbst, einen entsprechenden biographischen Kontext vorausgesetzt, Zeichen oder Symptome produzieren. Der Haitianer bildet eben keine Neurosesymptome, sondern Anzeichen von Besessenheit und der New Yorker zimmert sich seine Neurose nach allen Regeln der psychoanalytischen Symptomatologie zusammen.« Berger, P. L./Luckmann, Th., Die gesellschaftliche Konstruktion der Wirklichkeit, Frankfurt/M. 1969, 190.
10 Institutionalisierte Beispiele solcher Zurechnungen sind formalisierte Lebensläufe, in denen faktisch nur Mitgliedschaften angegeben werden, aus denen der Leser eine Einordnung des Kandidaten in ein bestimmtes Typisierungssystem konstruiert sowie der Extremistenerlaß, aufgrund dessen Kandidaten wegen bestimmter Mitgliedschaften für nicht verfassungstreu eingestuft werden.
11 Mannheim, K., Das Problem der Generationen, in: ders., Wissenssoziologie, 2. Aufl., Neuwied 1970, 509–565.
12 Ebd., 528.
13 Ebd., 526.
14 Ebd., 526.
15 Ebd., 527f.
16 Ebd., 543.
17 Vgl. Schütz, A., Die Gleichheit (Anm. 5), 238.
18 Vgl. Goffman, E., Stigma. Über Techniken der Bewältigung beschädigter Identität, Frankfurt/M. 1967.
19 Wie dieser Prozeß erfolgt, stellt Mannheim für die Generationen dar: Der ständige Neueinsatz neuer Kulturträger bewirkt auch immer einen neuen Zugang zum akkumulierten Kulturgut. Da die Erfahrungen jüngerer Rollenträger sich nie völlig mit denen der älteren Generation decken, ergeben sich für die verschiedenen Generationen verschiedene Erfahrungszusammenhänge, die durch Typisierung und Generalisierung zu anderen Erwartungen führen. Daher müssen für jede Generation neue, modifizierte Erklärungen gefunden werden, die ihr das tradierte Kulturgut subjektiv einsichtig machen. Siehe dazu: Mannheim, K., Das Problem der Generationen (Anm. 11), insbes. 541–555.
20 Vgl. dazu z. B. die Beschreibung der Gesellschaftstypen bei Lenski, G., (Macht und Privileg), der die Klassen an solchen Typisierungen festmacht. So strukturiert er die Industriegesellschaft in Klassen, die er auf

folgenden Merkmalen fundiert: Unternehmer, Parteifunktionäre, Manager, Militär, Geistesarbeiter, Büroarbeiter, Verkäufer, Arbeiter, Bauern, Arbeitslose und Zwangsarbeiter. Weiter unterscheidet er Klassen je nach Bildung, Rasse, ethnischen und religiösen Gruppen, Geschlecht und Alter.

21 Vgl. Schütz, A., Die Gleichheit (Anm. 5), 235.

22 Ebd., 237.

23 Vgl. Topitsch, E., Sozialphilosophie zwischen Ideologie und Wissenschaft, Neuwied 1961, 55–60; 72f.

24 Siehe dazu: Berger, P. L./Luckmann, Th., Die gesellschaftliche Konstruktion der Wirklichkeit, Frankfurt/M. 1969, insbes. 72–76.

25 Vgl. Berger, P. L./Luckmann, Th. (Anm. 34), insb. 137f.

26 Schütz, A., Die Gleichheit (Anm. 5), 225.

27 Von hier aus ließe sich das eigenartige Konkurrenzverhältnis zwischen den Kirchen und den Gewerkschaften, aber auch zwischen den Kirchen und dem Staat erklären.

28 Vgl. Hondrich, K. O., Theorie der Herrschaft, Frankfurt/M. 1973, 63f.

29 Vgl. Hahn, A., Religion und der Verlust der Sinngebung, Frankfurt/M. 1974, 71–77.

30 Die Schwierigkeit, ethnische Minderheiten zu organisieren, liegt darin begründet, daß es für sie schwierig ist, einen solchen Leistungsbereich zu monopolisieren. Von hier aus erklärt es sich, daß beim Zusammenfallen von ethnischer und religiöser Lagerung die religiöse Lagerung organisationsfähiger ist.

31 Vgl. Geiger, Th., Vorstudien zu einer Soziologie des Rechts, Neuwied 1964, 352–364.

32 So: Luhmann, N., Macht, Stuttgart 1974, 96.

33 Auf diesen Zusammenhang weisen auch die Machttheorien hin; Vgl. z. B. Luhmann, N., Macht (Anm. 32), 8; Hondrich, O. (Anm. 28), 70; Popitz, H., Prozesse der Machtbildung, 2. Aufl., Tübingen 1969, 35. Sie zeigen auf, daß die Orientierung an durchsetzbaren Ordnungsvorlagen in der Interaktion dem einzelnen Verhaltenssicherheit ermöglichen und ihn so entlasten.

34 Zu diesem Prozeß der Überformung einer Lagerung durch eine andere vgl. Altermatt, U., Der Weg der Schweizer Katholiken ins Ghetto, Zürich 1972, insb. 119–160. Altermatt beschreibt den Prozeß der Gründung des »Verbandes der Männer und Arbeitervereine« (VMAV) in der Schweiz. Ziel der Gründer war es, die Abwanderung katholischer Arbeiter in sozialdemokratische Arbeiterorganisationen zu verhindern. Dies gelang dadurch, daß den Arbeitern innerhalb der Kirche ein gewisser autonomer Raum, der VMAV, zugestanden wurde, in dem sie ihre Probleme in kirchlicher Sprache artikulieren konnten.

35 Die Probleme, die sich für die Organisation einer Lagerung daraus ergeben, stellt U. Altermatt, ebd., für die Schweizer Katholiken im 19. Jh. dar. Er zeigt auf, daß jede dieser Synthesen sich als typisch katholisch verstand, daß die damals im Schweizer Katholizismus ausgetragenen Konflikte in den Interessen der verschiedenen integrierten Lagerungen – agrarisches Stammland und industrialisierte Diaspora sowie die verschiedenen Sprachgruppen – begründet waren.

36 Die Protestanten traten bei der Reichsgründung für die Kleindeutsche Lösung unter Ausschluß Österreichs ein, weil nur in einem Kleindeutschen Reich die Protestanten die Mehrheit der Bevölkerung stellen würden. Noch 1905 begründete Reichskanzler Bülow die Ablehnung

der Annexion Österreichs damit, daß dann 15 Millionen Katholiken dem Reich eingegliedert würden, wodurch die Protestanten zur Minderheit würden. Vgl. Maier, H., Kirche und Gesellschaft, München 1972, 189.

37 Die Verlagerung der Organisation bestimmter Handlungen von der religiösen auf die nationale Ebene oder umgekehrt ist möglich, da die Alltagswelt als Einheit erfahren wird. Auf welcher Ebene bestimmte Handlungen organisiert werden, hängt im wesentlichen von Zweckmäßigkeitserwägungen ab. Die Themen, die die Organisationen von Lagerungen aufgreifen können, sind relativ beliebig, sie müssen nur dazu geeignet sein, Handlungszusammenhänge zu deuten und Problemlösungen aufzuzeigen.

38 Vgl. Popitz, H. (Anm. 33), 15f.

39 Während des Ersten Weltkrieges wurden die letzten bestimmte Gruppen diskriminierenden Gesetze aufgehoben. Das allgemeine Wahlrecht wurde eingeführt.

40 Vgl. Coser, L. A., Theorie sozialer Konflikte, Neuwied 1965, 120.

41 Siehe Schütz, A., Die Gleichheit (Anm. 5), 227.

42 Wiehn, E., Theorien der sozialen Schichtung, München 1968, 102.

43 Ebd.

44 Geiger, Th., Die soziale Schichtung des deutschen Volkes, Stuttgart (1932) 1967.

45 Moore, H./Kleining, G., Das soziale Selbstbild der gesellschaftlichen Schichten in Deutschland, in: KZfSS 12 (1960), 86–119.

46 Mayntz, R., Soziale Schichtung und sozialer Wandel in einer Industriegemeinde, Stuttgart 1958.

47 Scheuch, E. K., Sozialprestige, soziale Schichtung und soziale Mobilität, in: Glass, D. V./König, R., Soziale Schichtung und soziale Mobilität, Opladen 1961, Sonderheft 5 der KZfSS, 65–103.

48 Bolte, K. M., Typen sozialer Schichtung in der Bundesrepublik, in: Hamburger Jahrbuch für Wirtschafts- und Gesellschaftspolitik, 8. Jg., Tübingen 1963, 157.

49 Lenski, G., Macht und Privileg, Frankfurt/M. 1973, 116–133.

Zu: Benedict, Fernsehen als Sinnsystem, S. 117ff.

* Der Hauptteil des Beitrages erschien bereits in Theologia Practica 11 (1976), 89–107 unter dem Titel: Vom Trost der christlichen Religion zur Tröstung durch die Massenmedien? (Anm. der Herausgeber.)

1 Siehe dazu Bauer, W./Baur, E./Klingel, B., Vier Wochen ohne Fernsehen. Eine Studie zum Fernsehkonsum, Berlin 1977.

2 In: Theologia Practica 11 (1976), 103ff. hat sich D. Baake kritisch mit diesem Essay auseinandergesetzt.

3 Berger, P. L., Zur Dialektik von Religion und Gesellschaft, Frankfurt/M. 1973, 87.

4 Gesprächsprotokoll 9. November 1974 in Starnberg.

5 Matthes, J., Religion und Gesellschaft, Einführung in die Religionssoziologie I, Reinbek 1967, 79f. – Diese Fehleinschätzung bewirkte u. a. das negative Verständnis von Säkularisierung als Entkirchlichung.

6 Habermas, J., Technik und Wissenschaft als Ideologie, Frankfurt/M. 1969, 72.

7 Weber, M., Die protestantische Ethik und der Geist des Kapitalismus,

in: Die protestantische Ethik. Eine Aufsatzsammlung (1925) München/ Hamburg 1965, 165 ff.

8 Troeltsch, E., Die Bedeutung des Protestantismus für die Entstehung der modernen Welt (1911), Aalen 1963.

9 Siehe dazu Benedict, H.-J., Von Bebel zu Beckenbauer. Zur kulturellen Integration der Arbeiterschaft in den Kapitalismus, in: Internationale Dialog-Zeitschrift H. 4 1974, 323 ff.

10 So die neueren religionssoziologischen Untersuchungen, siehe vor allem Kehrer, G., Das religiöse Bewußtsein des Industriearbeiters, München 1967, sowie Hild, H. (Hg.), Wie stabil ist die Kirche? Gelnhausen/ Berlin 1974.

11 Cornehl, P., Öffentlicher Gottesdienst, in: Cornehl, P./Bahr, H.-E. (Hg.), Gottesdienst und Öffentlichkeit, Hamburg 1971, 150.

12 Siehe dazu Kracauer, S., Das Ornament der Masse, Frankfurt/M. 1963, 271 ff.

13 Dichter, E., Strategie im Reich der Wünsche, Düsseldorf 1961, 208.

14 Berger, P./Luckmann, Th., Die gesellschaftliche Konstruktion der Wirklichkeit, Frankfurt/M. 1971, 109.

15 Ebd., 65.

16 Ebd., 102.

17 Marx, K., Deutsche Ideologie, in: Die Frühschriften, hg. v. S. Landshut, Stuttgart 1964, 349.

18 Berger, P./Luckmann, Th., Die gesellschaftliche Konstruktion, 91, 133 f.

19 Der Durchschnittsamerikaner verbringt täglich acht Stunden vor und mit elektronischen Medien. Eine Untersuchung von Hilliard ergab, daß ein junger Amerikaner beim Verlassen des College mehr Stunden vor dem Fernseher als auf der Schulbank gesessen hat (von der Kirche ganz zu schweigen). In der Bundesrepublik lassen sich ähnliche Tendenzen vor allem in der Unterschicht beobachten, s. Zoll, R./Hennig, E., Zur Verteilung der Mediennutzung auf die Freizeit und die Sphäre der Produktion, in: Prokop, D. (Hg.), Massenkommunikationsforschung 2: Konsumtion, Frankfurt/M. 1973, 297 ff.

20 Jedenfalls in der Bundesrepublik; in den USA gibt es eine Reihe von Arbeiten zu diesem Thema, siehe vor allem Schramm, W./Roberts, The Process and Effects of Mass Communication, Urbana, 1971.

21 Die Beeinflussung der Kinder durch das Fernsehen, ihr Fernsehkonsum beginnt ja bereits im dritten Lebensjahr, wird zwar viel erforscht – zu gesicherten Ergebnissen ist man aber noch nicht gekommen, siehe Sommer, A./Grobe, H., Aggressiv durch Fernsehen? Überlegungen zur Medienerziehung von Kindern und Jugendlichen, Neuwied/Darmstadt, 1974.

22 Vinnai, G., Fußballsport als Ideologie, Frankfurt/M. 1970, 91.

23 Man mußte bei Kiesinger anfangen. Spiegel-Reporter Fritz Rumler über »Udo 70«, Der Spiegel Nr. 29, 17. 7. 1970, 130.

24 Siehe dazu Benedict, H.-J., Himmelsmacht und Seelentröster. Zur religiösen Funktion der Liebe im Schlager, in: Deutsches Pfarrerblatt, H. 20, 1974, 696–699.

25 Luhmann, N., Sinn als Grundbegriff der Soziologie, in: Habermas, J./ Luhmann, N., Theorie der Gesellschaft oder Sozialtechnologie, Frankfurt/M. 1971, 64–66.

26 Knilli, F. (Hg.), Unterhaltung der deutschen Fernsehfamilie. Ideologiekritische Untersuchungen von Serien, München 1971.

27 Adorno, Th. W., Ästhetische Theorie, Frankfurt/M. 1970, 350.
28 Feuerbach, L., Das Wesen des Christentums, 3. Aufl., Leipzig 1849, Stuttgart 1969, 53; ähnlich Freud, S., Die Zukunft einer Illusion, Ges. Werke XIV, London 1948, 373.
29 Berger, P., Auf den Spuren der Engel, Frankfurt/M. 1970, 81.
30 Cornehl, P., Erwartungen an die Kirche, in: Wissenschaft und Praxis, H. 4, April 1975, 197.
31 Habermas, J., Legitimationsprobleme im Spätkapitalismus, Frankfurt/M. 1973, 99.
32 Ebd., 125.
33 Ebd., 101.
34 Benjamin, W., Das Kunstwerk im Zeitalter seiner technischen Reproduzierbarkeit, in: Illuminationen. Ausgewählte Schriften, Frankfurt/M. 1961, 175.